대한민국
장사
천재들

대한민국 No1.
창업 · 사업 · 영업 커뮤니티
'창사영'의 노하우를 모두 담았다!

대한민국 장사 천재들

차돈호 지음

트러스트북스

무엇이 당신의 창업, 사업, 영업을 성공으로 이끄는가?

인터뷰어 기획총괄 윤장래
인터뷰이 저자 차돈호 대표

차돈호 대표님과 인터뷰를 하고 돌아오는 차 안에서 노트를 넘겼다. 여기 저기 형광펜으로 밑줄이 그어져 있다. 그것도 부족해서 빨간색 펜으로 별까지 표시한 부분도 여럿이다. 푸짐하다. 에너지가 충전된 느낌이 좋다. 멀리까지 물어물어 갔던 맛집 추천요리를 먹고 역시! 하는 만족감 그 이상으로 푸짐했다. 지금도 인터뷰에서 들었던 천금 같은 말들이 떠오른다.

"시간을 분산하고 아이템을 분산해서 투자하세요. 온라인, 오프라인 사업의 다각화를 구축하세요, 마지막으로 안정적이며 고수익을 내는 인세, 즉 판매수당 수입 아이템을 반드시 확보하세요."

"사업에서 가장 중요한 것은 리스크 관리, 리스크 최소화입니다. 부동산이 입지, 입지, 입지라면 사업은 리스크, 리스크, 리스크죠."

"창업은 직장을 그만두고 바로 하면 절대 안 됩니다. 직장을 다니면서 일단 부업으로 시작하는 게 좋습니다."

"창업은 직장을 다니면서 자기 사업을 만들어 가는 과정의 결과물입니다."

Q. 대표님. '창사영'을 처음 들어 보는 독자들을 위해서 질문 드리겠습니다. '창사영'은 무슨 뜻인가요? 첫 번째 질문이 너무 쉬웠나요?

A. 하하 아닙니다. 대부분의 독자님들은 몇 년 전까지만 해도 창업이란 단어와는 별 상관없이 지낼 수 있었지요. 지금은 아닙니다만. '창사영'은 '창업, 사업, 영업아이템'의 준말입니다. '창업, 사업, 영업아이템' 관련 정보나 경험들을 인터넷에서 회원들이 서로 공유하고 있는 인터넷 카페입니다. 현재 직장 생활을 하고 있지만 부업거리를 찾는 분, 취업을 준비 중이거나 전직을 고려하는 분, 일거리를 찾고 계시는 주부님들, 현직에 있지만 퇴직 이후 경제활동을 미리미리 준비하고 있는 분

들, 기존 사업체를 운영하면서 관련 영업사원, 거래처, 가맹점, 대리점 확보 및 인적 네트워크를 구축하려는 분들이 주로 방문하고 활동하고 있습니다.

Q. 네이버 창업분야 1위 카페, '창사영 카페'를 간략하게 소개 부탁드립니다.

A. 창업 희망자들이라면 카페에 오는 과정과 시기는 각각 다르더라도 마지막에는 반드시 한 번 이상은 '창사영 카페'를 방문합니다. 너무 자신만만한 표현인가요? 카페에 게시글이 올라오는 것을 보면, 실제 소액으로 창업해서 안정적으로 고수익을 거두고 있는 선배 창업자들 상당수가 창사영 효과를 톡톡히 봤다고 합니다.

창업 희망자에서부터 사업상 위기를 겪고 있는 사람들, 창업에 실패한 사람들이 날마다 일정한 시간을 투자해서 '창사영 카페'를 지속적으로 방문합니다. '창업, 사업, 영업아이템' 관련 성공 노하우와 정보를 찾기 위해서지요. 성공적으로 창업하신 분들은 창업 이후에도 꾸준히 카페에 방문하면서 자신의 경험과 정보를 회원들과 공유하고 있습니다. 그래서 나눔이 지속적으로 일어나고 있는 마당이라고도 할 수 있겠습니다.

객관적인 지표로 말씀드리겠습니다. 인터뷰하는 오늘(2018년 4월 20일) 기준으로 '창사영 카페'는 카페랭킹 나무3단계, 전체 회원 수 17만6천여 명, 하루 게시글 수 350여 개, 댓글 수 2천여 개, 글조회 수 3만2천여

회. 하루 방문자 수 1만여 명입니다. 한마디로 창업분야에서는 독보적인 랭킹 1위 인터넷 카페입니다.

Q. 이 책을 보고 있는 독자들은 창업하면 돈이 많이 든다, 성공 확률이 매우 낮다, 내 주변 사람 누구누구도 창업에서 손해를 입었다더라 등 성공보다는 실패와 관련된 부정적인 뉴스가 먼저 떠오를 것 같아요. 이런 독자들에게 대표님의 창업에 관한 의견을 부탁드립니다.

A. 현재 국내외 전반적인 경제 상황과 추이를 살펴보면 우리가 창업을 하지 않는다 하더라도 위험은 상존합니다. 물론 창업을 하게 되면 위험은 더 커지게 됩니다. 그래서 리스크 관리와 위험 분산이 중요합니다. 위험 분산은 창업을 하든 하지 않든 경제활동에서는 매우 중요합니다. AI^(인공지능)시대에 어느 직종 직군을 살펴보더라도 앞으로 평생직장 개념은 사라져가는 추세입니다. 그래서 모든 사람이 자신의 경제수명을 어떻게 늘려나갈까 하는 질문을 품고 있습니다. 책 본문에서 여러 사례를 가지고 자세히 설명했습니다만, 직장이든 사업이든 현역으로 경제활동을 하고 있을 때, 다음 단계의 직장이든 창업을 미리 준비하라는 메시지가 핵심입니다. 현재와 미래가 동시에 겹쳐지는 일정 기간을 의도적으로 만들라, 현재와 미래의 교집합의 폭을 가능한 범위에서 키워보라는 말입니다. 핵심 메시지는 이렇게 매우 간단합니다. 현직을 그만두고 그 이후 다음 직업이나 창업 아이템을 준비하는 것이 아닙니다.

현직일 때, 미래의 직업의 일부를 또는 창업의 일부를 동시에 수행해야 합니다. 이 책에서는 이런 유형의 성공 사례들을 통해서 여러분에게 그 필요성을 설명할 것입니다.

Q. 창업에 대해 흥미가 조금 생깁니다. 대표님 말씀을 들으면서 이제는 두려운 감정이 아니라 뭔가 기대감이 생기는 건 왜일까요? 지금까지는 창업이다, 영업이다, 영업 아이템이다, 라고 하면 저와는 전혀 상관없는 특별한 사람들만의 이야기인 줄 알았는데요. 설명을 듣다보니 급관심이 갑니다. 그럼, 안정적인 창업 비결에 대해 좀 더 설명해주실 수 있나요?

A. 창업의 열매는 달지만 열매를 얻기까지의 과정은 결코 순탄치 않습니다. 제가 이야기하는 노하우를 이해하고 연습하면 두려움이 조금씩 극복되면서 창업의 필요성에 공감하게 될 것입니다. 현직에 있을 때 미래를 위해 투자할 수 있는 방법을 세 가지로 정리해서 설명하겠습니다.

① 창업을 하기 전에 영업 경력을 쌓아라. 한 분야에서 다년간 터득한 영업 노하우와 축적한 인맥은 창업 성공의 발판이나 다름없습니다. 이런 경력을 갖춘 후 창업하면 초기의 난관과 시행착오를 크게 줄일 수 있습니다. 창업 초기부터 안정 궤도에 바로 올라설 수 있습니다.

② 자신이 흥미를 가지고 관심을 쏟을 수 있는 키워드를 선정해서 네이버 카페를 만들고, 만든 네이버 카페로 미래의 고객을 끌어 모으라. 사업을 하려면 영업과 홍보에 막대한 자금이 투여됩니다. 잘 관리된 인터넷 카페는 이 부분을 최소 비용으로 한방에 해결합니다. 네이버 온라인의 아이디는 오프라인의 영업사원이며, 네이버 아이디로 홍보한 글은 오프라인에 뿌려진 전단지와 같습니다. 꾸준하게 카페를 잘 관리한다면, 유망 고객들이 검색을 통해 유입됩니다. 창업자들은 모두 사업 초기에 애타게 고객과 가맹점을 기다립니다. 그러나 우리는 잘 만들어진 카페를 통해 고객이 스스로 알아서 찾아오게 만듭니다. 인터넷을 잘하는 특별한 사람들만 카페를 만들지 않습니다. 누구나 아주 쉽게 시도할 수 있죠.

③ 분산투자와 인세수입을 노려라. 나는 한 가지에만 집중한다, 하나에 올인하는 것이 좋다 등의 속설이 있는데, 이는 창업에서는 맞지 않는 말입니다. 생존이 걸린 중차대한 창업에서는 주력 아이템 사업을 추진하면서도 최소 비용과 시간으로 가능한 사업이나 영업을 병행해야만 합니다. 이것은 불확실한 미래에 대한 보험 성격입니다. 아차 하는 순간 주력 아이템이 도태될 수 있는데, 이때 인세 수입, 다른 사업이나 영업이 있다면 오뚝이처럼 일어설 수 있기 때문입니다. 인세 수익은 보험, 상조, 통신, 렌탈사업(정수기, 안마기), 벤(단말기) 영업과 같이 한 번 계약을 맺어 놓으면 고정적으로 수익이 들어오는 분야를 의미합니다. 이

런 업종은 처음 영업을 할 때에만 많은 시간과 에너지가 요구될 뿐, 일단 계약을 맺기만 하면 추가 시간 투자 없이도 수년 간 매달 안정적인 수입이 통장에 들어옵니다.

Q. 왜 대부분의 사람들은 창업이나 투자 같은 단어를 들으면 곧바로 위험을 생각하고 회피하려 하고 심리적으로도 위축될까요? 또, 다른 사람들의 창업이나 투자 성공담은 재밌어하면서도, 자신에게는 성공적인 미래 모습보다는 부정적인 결과를 먼저 생각하게 될까요?

A. 질문을 이렇게 바꿔보면 어떨까요? 우리는 초, 중, 고, 대학 시절 동안 투자나 창업에 대해서 배워본 적이 있는가? 또, 우리 아이들에게 투자를 가르쳐 본 적이 있는가? 지금까지 우리가 배우거나 경험한 경제활동들을 생각해 봅시다. 대부분은 누군가 만들어 놓은 직장에서 월급을 받고, 절약해서 저축하고, 은퇴를 하면 퇴직금이나 연금 받아 노후를 꾸리는 라이프스타일을 기본으로 하는 경제활동을 학교에서 배웠습니다. 또 그런 부모님 세대들의 경험을 보고 성장했습니다. 그리고 우리도 아이들을 그렇게 교육시키고 있습니다. 투자는 위험하다, 투자는 원금 손실의 가능성이 있다, 열심히 공부해서 좋은 직장에 취업해 월급 받고, 아끼고, 나머지는 저축하자.

창업강국 이스라엘과 글로벌 비즈니스를 하고 있는 유대인들의 경제교육은 우리하고는 다르다고 합니다. 페이스북을 만든 마크 저커버그나 구글의 공동 창업자 세르게이 브린 등 미국 실리콘 밸리에서 20대 창업으로 성공한 상당수는 유대인들입니다. 어려서부터 받아온 유대인 특유의 경제교육이 가져온 결과물입니다.

유대인들은 전 세계 어디서든 초등학교 졸업 시기(13세)쯤에 '바 미쯔바(Bar Mitzvah)'라는 성인식을 하는데, 이때 결혼식처럼 축의금을 받아요. 대개 약 200명 정도의 하객이 참석하고, 평균 200$ 정도 축의금을 냅니다. 모아진 축의금에 친척들이 좀 더 내서 뉴욕 거주 유대인 성인식이 끝나면 보통 5,000만 원 정도 종자돈이 자연스럽게 마련됩니다. 이 돈의 소유권은 당연이 '열세 살 성인'에게 있고요. 이 아이가 대학을 졸업할 때까지 10년 동안 아이 자신의 책임 하에 이 돈을 운용합니다. 그야말로 살아 있는 경제교육이지요.

이들이 20대, 진짜 성인이 되면 자연스럽게 대부분 두둑한 종자돈을 확보하고, 실전 교육을 통해 터득한 '경제 감각'까지 갖추게 됩니다. 이렇게 종자돈과 경제 감각을 갖게 되면 그 다음 진로는 취직을 위한 스펙쌓기에 바쁜 우리나라 20대들과 달리 창업은 아주 자연스러운 선택이 되겠지요. 이런 과정을 통해 유대인들은 자연스럽게 생활 속에서 투자와 창업의 DNA를 장착하게 됩니다. 아시다시피 투자와 창업의 실력 차이는 학교공부 레벨이 아니라 실제 운영 횟수에 비례합니다. 어때요, 이해가 되나요? 왜 우리에게는 투자나 창업 DNA가 없었을까요? 어쩌면 우리 경제환경에서는 투자나 창업이 낯선 것이 당연한 결과가 아닐까요?

"한 살 때부터 투자하면 은퇴 시점까지만 투자기간을 잡아도 60년입니다. 어릴수록 공격적인 투자가 가능하겠죠. 실패를 한다 해도 또 다른 기회가 있으니까요. 직장생활을 할 즈음에는 공격적인 투자와 보수적인 투자를 병행합니다. 그리고 노년기에 접어들면 안정적으로 수익이 나는 투자, 변동성이 적은 투자를 해야 하고요. 이와 함께 직장인들은 소비를 줄여 적어도 수입의 10%는 투자해야 하고, 장년층들은 자산배분 효과를 극대화해 안정적인 수익을 추구하는 생애주기별 맞춤형 전략을 짜야 하죠. 투자는 어려운 것이 아닙니다. 오늘 커피 값 아낀 것, 사고 싶었던 것 억누른 것, 그런 작은 돈으로 투자를 하면 됩니다." 대한민국 투자전도사 메리츠 자산운용 '존 리' 대표의 진단에 우리는 귀를 더 기울여야 합니다.

Q. 나만의 독특한 아이디어, 내가 가진 기발한 지식을 가지고 있어야만 창업을 하는 거 아닌가요? '지금이라도 퇴사해서 뛰어드는 것이 맞을까요' 아니면 '무모한 도전일까요'부터 그리고 제대로 된 기회를 잡으려면 '창업의 본질'에서부터 다시 생각해봐야 되는 거 아닌가요? 이런저런 고민들이 많아졌을 독자들께 조언 부탁합니다.

A. 제 이야기만 하면 제 생각과 경험에 한정될 수 있겠지요. 그래서 오늘 책을 한 권 들고 왔는데요. '이토 히로시'가 쓴 책 〈작고 소박한 나만의 생업 만들기〉 46쪽에 있는 단락입니다. 밑줄 그어진 부분을 읽어보

겠습니다. "창업은 자신의 의욕과 상황을 점검하면서 시기를 정하면 된다. 주식회사를 만드는 것만이 창업은 아니다. 무언가 스스로 일을 만들면 그것이 이미 창업이라고 할 수 있다. 뻥튀기를 팔아 돈을 버는 것도 어엿한 창업이다. 창업에는 큰 준비를 하고 인생을 거는 식의 선택지만 있지는 않다."

한 단락 더 나누고 싶은데요. 같은 책 66쪽 이 부분도 제가 밑줄을 그어 놓았네요. "오늘날은 얻을 수 있는 사전 정보가 너무 많아서 끝끝내 자기 일을 시작하지 못하는 경우가 많다. 우선 작은 규모라도 좋으니까 무언가를 해봐서 자신의 경험으로 삼는 것이 중요하다. 정보를 아무리 많이 모아도 그것이 옳고 그른지 판단하기 위한 경험이 부족하다면, 모은 정보를 유용하게 활용하기는 힘들다." 각자의 일상에서도 창업의 실마리를 찾을 수 있습니다. 요리를 좋아한다면 조금씩 솜씨를 늘려가면서 처음부터 점포를 빌리지 않고 출장 요리사로 일한다거나 하는 식으로 내가 당장 해볼 수 있고요, 어쩌면 이미 하고 있는 것들도 일이 될 수도 있다는 걸 발견하게 될 겁니다.

Q. 지금부터는 대표님 노하우를 구체적으로 듣고 싶어요. 대표님 경험을 위주로 설명해주시면 됩니다. 대표님의 경험을 바탕으로 창사영을 창업해서 성공했고요, 창사영 카페를 통해서 성공적인 창업자를 많이 배출했는데요. 대표님의 직간접인 성공 경험을 독자님들과 나누고 싶습니다. 물론 책 본문에서는 자세하고 구체적인 사례 중심으로 설명이

잘되어 있는데요. 마음 급한 독자님들을 위해 인터뷰에서는 간략하게 핵심 위주로 정리해 주시면 좋을 것 같습니다.

A. 여섯 가지 정도로 독자님들이 이해하기 편안하게 정리해서 말씀드리겠습니다.

① "남는 시간에 투잡을 해야 한다."

가죽 수선으로 매달 순수익 1,000만 원 이상을 벌어들이는 최수혁(가명, 43세) 대표 창업사례를 통해서 설명하겠습니다. 최 대표는 수시로 바뀌는 정부 정책에 매번 가슴이 철렁거리는 일이 많았습니다. 게다가 실적에 대한 압박 때문에 매일 야근을 밥먹다시피 했습니다.

원래 그는 대학 때 밴드 동아리를 했을 만큼 예술적 감성이 풍부했습니다. 막상 높은 월급 때문에 금융회사에 취직을 했지만 자신의 창의적인 개성을 감추기 힘들었지요. 기회가 있을 때마다 튀는 복장을 하고 회사에 나타났고, 동료와 다른 특이한 아이디어를 내는 일이 많았습니다.

그는 주말을 이용해 가죽 수선을 배웠습니다. 이 취미를 배우게 된 계기는 두 가지 이유 때문입니다. 첫째는 취미로써 자신의 예술적 취향에 맞는다는 점, 둘째는 부업으로 할 수 있다는 점입니다. 몇 년 만에 그의 기술은 프로 수준에 도달했습니다. 그는 거기에서 안주하지 않고 그 이상의 실력을 연마했습니다. 그는 100점 만점에 120점을 채우려고 노력했습니다. 그러자 그의 실력이 입소문이 나서 아르바이트로 꽤 짭짤한 수입을 거두었습니다. 그는 창업을 하기도 전에 이미 창업자 마인드로 채워져 있었습니다. 삼십대 후반이 되자, 창업을 심각하게 고민하다가 가 실행에 옮기기로 했습니다.

"가죽 수선이 시장성이 있는지 확인하기 위해 공동구매 사이트, 네이버와 다음 카페 등에 광고를 하여 수요층을 분석했습니다. 그 결과 가죽 복원, 염색 분야의 사업이 꾸준히 성장해 나갈 수 있다는 생각이 들었습니다. 그래서 회사를 그만두고 창업하기로 결심했습니다."

② "퇴직 전에 완벽히 창업 준비를 하라."

많은 사람들이 창업 시장에 뛰어들고 있습니다. 이 가운데 50~60대 베이비부머(1955~1963년생)가 크게 늘어나고 있습니다. 이들은 대개 남부럽지 않은 직장에 다니다가 퇴직을 하면서 어쩔 수 없이 창업에 도전하고 있습니다. 창업은 그리 호락호락한 게 아닙니다. 실제로 이들의 창업 성공률은 그다지 높지 않습니다. 베이비부머가 끝없이 창업을 하지만 절반은 부도가 나고 있는 게 현실입니다.

그러면 대체 왜 이들이 창업에 실패를 하는 걸까요? 근본적인 원인은 다른 데 있습니다. 그것은 바로 창업에 대한 준비 부족입니다. 좀 더 구체적으로 보면, 퇴직 전에 철저히 창업을 준비하지 않았다는 점입니다. 창업 준비는 퇴직하고 나서 해야 하는 것이라는 생각이 창업 실패의 큰 원인입니다. 창업에 성공하기 위해서는 회사를 다니면서 충분히 준비를 해서 안정성을 확보해야 합니다.

③ "영업 노하우와 인맥이 시행착오를 줄인다."

창업 희망자들에게 항상 강조하는 말이 있습니다. "꼭 명심해야 할 게 있어요. 창업은 본래 영업의 연장선상에 있기에 무엇보다 자신만의 성격과 재능에 맞는 영업직에서 최소 3~5년 정도 경력을 쌓아야 합니다." 저의 수많은 영업 경력과 네이버 창업 분야 1위 '창사영' 카페 운영 노하우를 토대로 할 때, 창업을 준비하는 분에게 절대적으로 필요한 건 딱 한 가지입니다. 이것이 갖추어지지 않으면 다른 것을 아무리 잘 준비해도 실패 확률이 높다고 봅니다. 역으로 이것만 잘 갖추면 다른 준비를 하지 않아도 창업 성공 확률이 높다고 자신합니다.

그게 바로 영업 역량입니다! 왜 그럴까요? 한 분야의 영업노하우와 인맥 즉 인프라를 갖춘 후, 창업을 하게 되면 창업 초기에 닥칠 수 있는 어려움과 시행착오를 크게 줄일 수 있기 때문입니다.

④ "네이버 카페로 고객 스스로 찾게 하라."

제가 창사영 유망아이템 설명회 때 항상 강조하는 말이 있습니다. "네이버 온라인 ID(아이디)는 오프라인 영업사원과 같습니다. 그리고 온라인에 네이버 ID(아이디)로 홍보한 글들은 오프라인에서 뿌려진 홍보전단지와 같고요. 오프라인에서 뿌려진 홍보전단지들은 금방 휴지통에 버려지고 바람에 날려 어디론가 없어지곤 하지만, 네이버 ID(아이디)로 홍보한 글들은 절대 없어지지 않고 웹상에 차곡차곡 쌓이게 됩니다. 어느 시점에 이르면 유망고객들이 검색한 키워드가 지금까지 네이버 아이디로 꾸준히 홍보한 '글덫'에 걸려들게 됩니다. 이렇게 해서 유망고객들을 쉽게 물어오는 데 엄청난 효과를 발휘합니다."

이렇듯 창업에서 온라인 마케팅은 필수적입니다. 다양한 업종, 아이템들이 있지만 마케팅을 위해 반드시 카페를 사용해야 합니다. 그렇다고 오프라인 마케팅이 불필요하다는 말은 아닙니다. 오프라인과 함께 온라인 마케팅을 병행해야 합니다.

더러 몇몇 창업자들은 블로그만을 만들어놓고 온라인 마케팅을 하려고 합니다. 이는 잘못입니다. 단기간 측면에서는 블로그가 카페에 비해 관리가 간편한 점이 있지만 장기적인 관점에서 볼 때, 카페가 블로그보다 효과가 훨씬 월등하기 때문입니다. 블로그와 달리 카페는 회원과 회원 사이 그리고 광고주와 고객 사이의 쌍방향 소통이 가능합니다. 이와 함께 다양한 메뉴 개발을 통해 고객(혹은 회원)들이 직접 게시판에 글을 쓰거나, 댓글을 씀으로써 카페에 머물러 있는 시간을 좀 더 많이 확보할 수 있습니다. 이렇게 해서 카페 회원 즉 고객이 더 많이 증가할 수 있으며, 또한 키워드 검색 시 화면 상단에 카페가 노출될 수 있습니다. 그러면 돈 한 푼 안 들이고 엄청난 홍보 및 영업 효과를 낼 수 있습니다. 괜히 잘 만든 카페 하나 열 명 영업자 부럽지 않다는 말이 있는 게 아닙니다.

⑤ "분산투자와 인세 수입을 노려라."
네이버 카페처럼 최소 비용에 최고 수익을 내는 비즈니스를 찾아보기 힘듭니다. 처음 네이버 카페를 시작할 때 시간과 열정을 투자한 것 말

고는 단돈 십 원 한 푼 들어간 일이 없습니다. 네이버 카페에는 직원, 별도의 사무실, 유지비 즉, 호스팅비, 서버비, 도메인비 등 어떤 비용도 필요 없기 때문입니다. 오로지 나 혼자 일정한 시간을 투자하기만 하면 됩니다. 이렇게 해서 어느 정도 안정 궤도로 올려놓자 황금 알을 낳는 거위가 되어, 꾸준히 고수익을 내고 있습니다.

이런 저를 보고 창사영 회원들은 종종 오해를 합니다. 비즈니스로 창사영 카페 운영 하나만으로 대박을 내는 걸로 말입니다. 사실, 그렇지 않습니다. 현재도 여러 개의 사업(영업)을 동시에 진행하고 있습니다. 한창 때는 '세무 대행 영업', '보험사이트 DB 사업', '벤(단말기)사업'과 '인터넷전화통신사업', '상조영업', '온열기 사업', '창사영' 등 늘 서너 개를 동시에 진행했습니다. 예를 들면, 오전 9시에서 12까지 세무 대행 영업을 하고, 12시에서 6시까지 상조영업 또는 벤(단말기)영업을, 저녁식사 후 7시 이후부턴 창사영, 온열기사업, 보험사이트 DB 사업 즉, 온라인사업에만 집중적으로 시간을 할애해 진행했습니다.

"창사영 하나에만 올인하는 게 좋지 않을까요? 너무 다양한 비즈니스에 욕심을 내는 게 아닌가요?" 저에게 이런 질문을 하는 창업 희망자들이 종종 있습니다. 이런 질문을 받을 때마다 저는 뜨끔합니다. 왜냐고요? 제가 잘못이라서가 아닙니다. 그런 질문을 던지는 사람들이 사업에 대해 몰라도 너무 몰라서 그렇습니다. 그런 사람들은 너무나 순진하기까지 합니다. 잘되는 사업 하나만 하면 만사형통이라는 생각은 위험천만입니다. 저는 오랫동안 영업 경력을 쌓아오면서 그 경력을 바탕으로 창사영을 일구어냈습니다. 하지만 창사영 하나만으로는 위험 부담이 너무나 크다는 걸 절감하고 있습니다. 언제 어떤 리스크가 발생해 카페 운영에 큰 차질이 생길지 모르기 때문입니다.

대박 사업에 대한 생각을 바꿔야 합니다. 사업 하나 해서 큰돈을 벌었다고 이를 대박으로 생각하면 안 됩니다. 그 사업과 별도로 리스크에 대비한 사업이 여러 개 운영되어야 합니다. 이때 분산투자로써 가능하면 최소한의 경비와 에너지 투여로 지속적으로 수익이 창출되는 인세 수입의 업종을 여러 개 하는 게 좋습니다. 이렇게 해서, 분산투자와 인세 수입의 탄탄한 구조를 갖추었을 때 진정한 사업의 대박이라고 할 수 있습니다.

⑥ "대박의 첩경은 네이버 카페다."

네이버 카페를 꾸준히 잘 관리만 하면 막대한 홍보, 영업 효과를 창출할 수 있습니다. 회원들의 자유로운 의사소통 속에서 급속도로 회원 수가 증가하게 되고, 또 검색 상단에 노출이 됩니다. 시간을 두고 잘 키운 네이버 카페의 회원들은 저절로 사업을 잘 굴러가게 만들어줍니다.

"1초에 58명씩 찾아오고, 1초에 세 건씩 거래가 되요. 지금 제가 말하는 동안에만 벌써 거래 9건이 등록됐어요. 그 사이 174명이 왔다 갔고요…." 네이버 카페 '중고나라' 이승우 대표의 말입니다. 현재 이 카페의 회원수는 1,600만 명을 넘었습니다. 대한민국 국민의 10명 중 3명이 가입되어 있다는 말입니다. 2016년 기준, 이 카페의 월 매출액은 6억 원으로 공공구매 5억 원, 배너광고 1억 원입니다. 이승우 대표는 오픈 마켓인 지마켓, 옥션, 11번가나 소셜커머스 쿠팡, 티몬, 위메프 그리고 아마존도 전혀 부럽지 않습니다.

이승우 대표는 대학교 2학년 때 중고나라 카페를 열었습니다. 이때만 해도 이게 큰 사업이 될 줄 꿈에도 몰랐습니다. 이 대표는 페이팔 같은 에스크로 기반 결제시스템을 활용한 사업을 구상하다가 중고 물건을 거래하는 아이템을 생각해냈습니다. 당시만 해도 중고 물건 거래는 '벼룩시장'을 통해 오프라인 중심으로 이루어지고 있었습니다.

"온라인 중고 물건 거래를 하자. 요즘은 대부분의 사람들이 온라인으로 검색해서 물건을 사고팔고 있잖아. 온라인이 대세야."

이렇게 해서 중고 거래 카페를 개설했습니다. 그러면서 별도의 오프라인 사무실을 마련하지도 않고, 직원도 구하지 않고 지인 3명과 함께 카페를 운영했습니다. 그가 중고 거래 사업 아이템을 생각했을 때, 별도의 사이트를 개설할 필요성을 느끼지 못했습니다. 네이버 카페를 개설하는 것만으로 검색 시 상단 노출 홍보가 되기 때문에 회원 수를 크게 늘릴 수 있다고 판단했기 때문입니다.

그의 예상은 적중했습니다. 조금씩 늘어가던 회원수가 2008년 세계 금융위기로 경기가 침체되자 폭발적으로 증가했습니다. 주머니가 가벼워지면서 다들 새 제품보다는 중고 제품에 눈을 돌리기 시작하면서, 소비자들의 중고품에 대한 인식에 대대적인 변화가 찾아왔습니다. 이렇게 해서 수백만 명 단위의 회원수가 1천만 명으로 증가했습니다.

특히 경쟁이 덜 치열한 아이템일수록 카페 전체 회원 수가 얼마 되지 않아도 단기간에 매출과 수입에 상당한 기여를 하는 게 바로 네이버 카페입니다. 따라서 어차피 시작한 사업 1~2년 안에 그만둘 게 아니라면, 지금 바로 네이버 카페를 시작하는 게 좋습니다. 블로그보다 시간과 노력이 좀 더 들겠지만, 긴 안목으로 볼 때 나중에 다른 사업아이템을 추가 런칭 한다든지, 업종을 변경해서 다른 사업을 진행할 경우에 큰 이점이 있습니다. 한번 만들어놓은 회원 수는 금방 없어지는 게 아니므로 네이버 카페를 리노베이션 즉, 다시 개조해서 그 아이템에 맞는 콘셉트로 언제든 다시 꾸밀 수 있습니다. 이렇듯 그때그때마다 사업을 진행하는 동안에 네이버 카페를 통해 엄청난 도움을 받을 수 있다는 사실을 꼭 잊지 말아야겠습니다. 외식업이든, 쇼핑몰이든, 서비스업이든, 제조업이든 대박의 첩경은 네이버 카페입니다.

Q. 책을 읽어보면 생생한 사례 중심으로 대표님과 카페 회원님들의 경험들이 체계적으로 정리가 잘되어 있습니다. 지금 당장 창업을 하지 않을 독자들이 이 책을 어떻게 사용해야 하는지 효용은 인터뷰를 통해서 충분히 설명되었다고 생각합니다. 창업을 고민하는 독자들에게는 지침서로 활용하기에 충분하다고 생각합니다. 대표님, 긴 시간 인터뷰에 응해 주셔서 감사합니다.

A. 감사합니다. 많은 사람들이 책을 읽고 도움이 됐으면 하는 바램입니다.

소액 창업으로 안정적인 평생직장 만들기

　많은 사람들이 창업 대열에 들어서고 있습니다. 직장인은 물론 베이비붐 세대와 20대들까지 전 연령층에서 자신만의 사업을 희망하고 있습니다. 2017년 '사람인(구인구직 플랫폼)'이 직장인을 대상으로 한 조사에 따르면 무려 73%가 창업 의향이 있다고 밝혔습니다. 직장인 대다수가 고정적이고 안정적인 급여를 버리고 창업 전선에 뛰어들고자 하는 것입니다. 이와 함께 현역에서 은퇴한 사람들 또한 오랜 사회경험을 토대로 2막 창업을 준비하고 있습니다. 청춘들도 조직에서 탈피해 자신만의 일을 하고자 창업에 나서고 있습니다.

　이들의 창업에 대한 열기는 매우 높습니다. 오랜 기간 창업 사업, 영업의 플랫폼인 네이버 카페 1위 '창.사.영'(창업,사업,영업아이템)을 운영하면서 피부로 느낄 수 있었습니다. 다양한 분야의 핫한 아이템의 사업이

속속 소개되는 창사영 카페에는 실로 우리나라 창업 희망자들이 다 모여 있다고 해도 과언이 아닙니다. 이들은 시시각각 소개되는 노하우와 정보, 자료를 하나도 놓치지 않으려고 수시로 방문하고, 유망 아이템 설명회 참여에도 매우 적극적입니다. 이런 사람들의 열정에 보답하고자 늘 최고 수준의 노하우와 정보, 자료를 제공하기 위해 노력하고 있습니다.

창업의 열매는 달지만 그 열매를 얻기까지의 과정은 결코 순탄치 않습니다. 창업 희망자는 우선 냉정하게 현실을 인식하는 자세를 가져야 합니다. 장기화된 경기 불황에 따라 자영업의 경쟁률이 매우 치열하기 때문입니다. 우리나라의 자영업자 비율은 OECD 34개국 가운데 네 번째(26.8%)로 그리스, 터키, 멕시코 다음으로 높습니다. 그 결과, 자영업자 5명 가운데 1명은 연 소득이 1,000만원도 되지 않습니다. 전체 자영업자의 연 평균 소득은 4,000만원을 넘지 못합니다. 이에 따라 자영업자의 생존율은 37%(2015년 기준)로 무척 낮습니다.

따라서 허황되고 막연한 마인드는 너무나 위험합니다. 대표적으로 이런 생각을 조심해야 합니다.

"유명 아이템이면 대박이 날 거야", "저분도 대박을 냈으니 나라고 못할 게 없지", "나는 다른 사람하고 틀려. 반드시 대박을 낼 거야."

실제로 창사영 카페를 운영하면서 수많은 창업자를 통해 이를 확인했습니다. 다년간 철저하고 성실히 준비하지 않은 상태에서 신기루를 쫓듯 창업에 나선 사람들의 참혹한 실패를 수없이 봐왔습니다.

그래서 소액으로 창업을 희망하는 사람들에게 창업 노하우 네 가지를 누누이 강조했습니다. 이는 내가 실제로 다양한 영업 분야에서 최고 실적을 내고 또한 창사영 카페를 성공적으로 일구어낸 경험으로 토대로 한 것입니다. 다른 창업 컨설턴트들이 창업 희망자들에게 교과서적으로 강조하는 노하우와는 차원이 다릅니다. 실제로 내가 강조하는 노하우는 실전에서 창업 성공률을 높이 끌어 올려주었습니다.

첫 번째 노하우는 "창업을 하기 전에 영업 경력을 쌓으라"입니다. 한 분야에서 다년간 터득한 영업 노하우와 축적한 인맥은 창업 성공의 발판이나 다름없습니다. 이런 경력을 잘 갖춘 후 창업하면 초기의 난관과 시행착오를 크게 줄일 수 있습니다. 창업 초기부터 안정 궤도에 올라설 수 있다고 봐야 할 것입니다.

두 번째 노하우는 "네이버 카페로 고객을 끌어 모으라"입니다. 사업을 하려면 영업과 홍보에 막대한 자금이 요구됩니다. 잘 만든 네이버 카페는 이 문제를 최소 비용으로 한방에 해결합니다. 네이버 온라인의 아이디는 오프라인의 영업사원이며, 네이버 아이디로 홍보한 글은 오프라인에 뿌려진 전단지와 같습니다. 꾸준하게 카페를 잘 관리한다면, 유망 고객들이 검색을 통해 카페로 유입됩니다. 창업자들은 모두 사업 초기에 애타게 고객과 가맹점을 기다립니다. 잘 만들어진 카페를 통해 고객이 스스로 알아서 찾아오게 만듭니다.

세 번째 노하우는 "분산투자와 인세수입을 노리라"입니다. 한 가지에 올인하는 게 좋다는 속설이 있는데 이는 창업에서는 맞지 않는 말입니다. 생존이 걸린 중차대한 창업에서는 주력 아이템 사업을 추진하면서 최소 비용과 시간으로 가능한 사업(영업)을 병행해야 합니다. 이는 불확실한 미래에 대한 보험 성격입니다. 아차 하는 순간 주력 아이템이 도태될 수 있는데, 이때 인세 수입의 다른 사업(영업)이 있으면 다시금 오뚝이처럼 일어설 수 있기 때문입니다.

네 번째 노하우는 "창사영 플랫폼을 활용하라"입니다. 2018년 1월 24일 기준 창사영 카페는 카페 랭킹 나무 3단계, 전체 회원수 약 17만 6천여명, 하루 게시글 수 약 350여개, 댓글수 약 2천여 개, 글 조회수 약 3만 2천여 회, 하루 방문자 수 약 만여명입니다. 이게 모든 걸 입증하고 있습니다. 창업 희망자들은 그 가치를 알아보기에 창사영을 방문합니다. 소액으로 창업해서 안정적으로 고수익을 거두는 창업자들 상당수가 창사영 효과를 톡톡히 보고 있습니다. 이에 대해서는 책에서 구체적인 사례로 소개했습니다.

하루가 멀다 하고 자영업자가 폐업하는 요즘, 적은 자금으로 안정적인 평생직장을 꿈꾸는 분이라면 이 네 가지 노하우를 반드시 가슴에 새기길 바랍니다. 18만여 명의 회원을 보유한 창업 카페 1위 창사영 대표로서 이 네 가지가 생존을 지켜줄 버팀목이라고 감히 말씀드립니다. 창업 희망자에서부터 사업 위기를 겪는 사람들, 창업 실패자들이 날마다 창사영 카페를 방문하여 성공 노하우를 찾습니다. 그런 사람들에게 저는 오로지 이 네 가지를 강조하고 있으며, 실제로 이를 통해 많은 분을 성공한 사업자로 탈바꿈시켜드렸습니다.

　이러한 창업 성공 노하우 네 가지는 책의 해당 챕터에 소개했습니다. 이 책은 소액 창업자의 생각법, 영업 경력의 중요성, 유망 아이템, 대박의 비결, 위기와 실패를 극복하는 전략 등 다섯 챕터로 구성되어 있습니다. 각 챕터에는 창사영 회원 중 성공적으로 사업을 하고 있는 분 약 50명의 심층 인터뷰 및 설문조사를 토대로 한 생생한 사례가 나옵니다. 이를 찬찬히 읽으면서 네 가지 창업 성공 노하우를 거듭 되새기길 바랍니다. 이와 함께 창업의 각오를 새롭게 다지십시오. 나만의 안정적인 평생직장을 위해서 말입니다.

모닝네트웍스(창사영) 대표 차돈호

contents

1부 소액 창업자의 생각법

2부 영업을 모르면 창업하지 말라

3부 절대 망하지 않는 안정적인 고수익 아이템 찾기

4부 고객의 마음을 훔치는 대박 전략

5부 위기와 실패를 성공으로 바꾸는 전략

대한민국 장사 천재들

1부
소액 창업자의 생각법

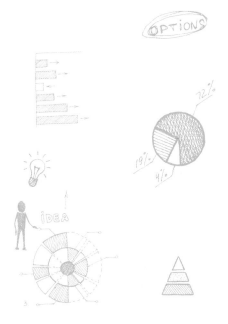

1

다르게 생각하고,
새로운 것을 추구하라

'다르게 생각하라(Think different)'

애플 스티브 잡스의 말이다. 이 말대로 그가 개발해 세상을 깜짝 놀라게 한 IT 제품은 많다. 그 중에서도 첫 번째로 손꼽히는 것은 뭐니 뭐니 해도 스마트폰이다. 사실 스마트폰은 피처폰의 글로벌 기업 노키아가 최초로 만든 제품이다. 바로 노키아 9000이다.

그런데 어떻게 해서 스마트폰으로 IT 역사를 새로 쓴 사람이 스티브 잡스가 되었을까? 노키아는 전 세계적으로 불티나게 팔리는 피처폰만으로 어마어마한 수익을 거두고 있었다. 그렇기 때문에 기존의 피처폰과 성격이 다른 새 제품을 출시해야 할 이유를 찾지 못했다.

이때, 맥킨토시 이후 성공작이 없던 스티브 잡스의 눈에 노키아 9000이 들어왔다. 늘 혁신적인 제품으로 승부를 걸던 그에게 노키아 9000

은 신세계 그 자체였다.

"이 스마폰이라면 기존의 피처폰 시장을 갈아엎을 수 있을 거야."

당시 애플은 휴대폰 시장에 진입하려고 했지만, 이미 시장은 노키아, 모토로라 등 글로벌 기업이 완전히 장악한 상태였다. 하지만 새로운 개념의 휴대폰이라면 상황이 달라질 수 있다고 믿었다. 그는 곧바로 노키아 9000보다 성능이 우수한 스마트폰을 개발했다. 그것이 바로 아이폰이다. 2007년 1월 9일 미국 샌프란시스코 맥월드 무대 위에서 스티브 잡스는 청바지 주머니에서 검은색 아이폰을 꺼내며 말했다.

"우리는 오늘 휴대전화를 새롭게 재창조합니다. 오늘은 제가 2년 반 동안 기대해 오던 날입니다. 때때로 모든 것을 바꿔버리는 혁명적인 제품이 등장하죠. 바로 아이폰입니다."

아이폰이 세상이 나오자 얼마 지나지 않아 피처폰은 몰락의 길을 걸었다. 노키아와 스티브 잡스가 노키아 9000을 바라보는 시각은 천지차이였다. 노키아는 기존 관행대로 생각하는 데 안주한 반면 스티브 잡스는 창조적으로 달리 생각했다. 그 결과, 애플은 지난 십년간 새 시장을 개척하여 아이폰을 총 10억 대 이상 팔아치웠다.

스티브 잡스의 '다르게 생각하는 것'과 '새로움을 추구하는 것'은 별개가 아니다. 다르게 생각하는 것과 새로운 것을 추구하는 것은 불가분의 관계다. 기존의 관습과 다르게 생각하면 반드시 새로움을 추구하게 된다.

날개 없는 선풍기를 개발한 다이슨만 해도 그렇다. '선풍기에 날개가 없으면 안 될까?'라는 다른 생각이 결국 혁신적인 제품 개발로 이어졌다. 〈토이 스토리〉, 〈몬스터 주식회사〉, 〈니모를 찾아서〉를 선보이며 애니메이션의 역사를 다시 쓴 존 래시터도 그렇다. 디즈니에 근무하던 그는 컴퓨터 애니메이션 기술을 눈여겨보았다. 다른 직원들과 달리 그는 이를 '미래를 이끌 회기적인 기술'이라고 생각했다. 그는 임원진에게 컴퓨터 애니메이션을 제작하자고 제안했다가 오히려 해고되고 만다. 하지만 그는 퇴사 후 다른 회사에서 자신의 생각을 현실화했다. 이렇게 해서 훗날 여러 편의 컴퓨터 애니메이션으로 전 세계를 요동시켰다.

다르게 생각하고, 새로움을 추구하는 마인드는 특히 창업자에게 매우 중요하다. 많은 사람들이 창업을 시도하지만 현실은 결코 녹록하지 않기 때문이다. 신규 창업을 해서 3년 이상 사업체를 유지하는 비율은 전체의 41%밖에 되지 않으며 나머지 60%는 실패의 늪에 빠진다. 따라서 창업 아이템으로 새롭게 뜬다고, 고수익을 보장한다며 우르르 몰려가서는 성공이 보장되지 않는다는 걸 기억해야 한다. 믿을 건 오로지 다른 사람과 다른 나만의 생각과 늘 새로움을 추구하는 마인드다. 그래야 정글 같은 창업 시장에서 살아남을 수 있다.

싸이몬 화상영어의 조형원(51세) 대표는 그런 마인드로 창업했다. 그는 종잣돈 100만원으로 2007년 경기도 안양에서 화상 영어라는 독특한 아이템으로 1인 창업을 했다. 그는 의료기 해외사업부, 호텔 본사 전원산업 기획조정실, 강남글로벌 어학원 영어강사 등 다양한 직장을 두루 경험했다. 외국에서 대학교를 다녀 현지 영어에 능숙하다는 것이 그의 장점이었다. 급작스런 퇴직으로 창업을 결심했고, 당장의 호구지책으로 자신의 장점을 활용해 작은 영어 교습소를 운영했다. 이때 그의 눈에 들어온 게 화상 영어 사업이었다. 평소 다양한 사업 아이디를 갖고 있던 그는 무릎을 탁 쳤다.

'그래, 저거야. 나는 영어를 잘하고 컴퓨터도 능숙하니까 해볼 만해. 한국에서 영어 시장은 불패지, 더욱이 저렴한 가격으로 현지 영어 수업을 들을 수 있으니 매우 희망적이야.'

이렇게 해서 창업한 결과, 현재 연 매출 3억을 올리고 있다. 순수익은 1억5천만 원 가량이다. 그 혼자 달랑 컴퓨터 한 대로 집에서 사업을 한 결과다. 무점포 1인 창업을 해서 안정적으로 년 1억 원 넘게 수익을 내는 건 직장인은 물론 창업 희망자들에게 꿈같은 일이다.

그는 평소 남과 다르게 생각하고 새로움을 추구하는 마인드를 갖고 있었다. 그래서 과포화 된 오프라인 영어 학원을 과감히 정리하고 온라인 영어 시장에 뛰어들었다.

"늘 새로운 것을 추구하는 마인드를 가지고 있습니다. 그래서 기존의 사업과 다른 새로운 사업에 대한 생각이 가득하고, 다양한 사업 아이디어를 가지고 있죠. 제가 현재 하고 있는 화상 영어 사업은 그 많은 아이디어 중 하나입니다. 저는 지금도 새 사업 아이템 구상을 멈추지 않고 있습니다. 누구나 다 하는 것 말고 새롭게 뜨는 것에 관심이 많아요. 그래서 매일 유튜브 등 주로 해외 인터넷 서핑을 하면서 4차 산업혁명 정보를 살펴보고 있습니다. 머지 않는 시기에 또 새로운 개념의 영어 교육 사업이 등장할지 모르기 때문이죠."

　누구나 쉽게 창업시장에 뛰어들지만 살아남기는 매우 어렵고 그 수도 적다. 대기업도 마찬가지다. 장수 기업과 단명한 기업의 차이점이 뭘까? 여러 가지가 있겠지만 빠뜨릴 수 없는 게 바로 새로움의 추구이다. 장수 기업은 현실에 안주하지 않고 늘 변화와 새로움을 추구한다. 다르게 생각하고, 새로움을 추구하는 것은 곧 창업 생존의 필수 요건임을 잊지 말아야 한다.

2

월급쟁이 마인드 vs 소액 창업자 마인드

"부자는 부자가 될 수밖에 없는 사고를 하고, 빈자는 가난할 수밖에 없는 사고를 합니다. 따라서 가난에서 탈출하려면 사고를 바꾸는 게 급선무입니다. 이는 창업가에게도 적용이 되죠. 창업가에게는 창업가의 마인드가 장착되어야 합니다. 다달이 급여를 받는 데 만족하는 월급쟁이의 마인드로 창업 전선에 뛰어들어서는 곤란합니다."

창사영의 유망 아이템 설명회 때에 내가 한 말이다. 다년간 여러 분야에서 창업에 성공한 사람들을 접하면서 그들의 마인드를 주목하게 되었다. 이들은 창업할 때 이미 창업가의 마인드를 갖추고 있었다. 이와 달리 창업에 뛰어들었다가 몇 년 내 실패를 맛본 사람들은 월급쟁이의 마인드에서 벗어나지 못한 경우가 많았다.

창업에 뛰어든 사람 중에는 자신이 월급쟁이 마인드에 사로잡혀 있다는 사실을 자각 못하는 경우가 많다. 자기 딴에는 사업가처럼 최선을 다한다지만 그렇지 않은 게 현실이다. 쉽게 간과할 수 있는 대표적인 월급쟁이 마인드의 특징 10가지는 다음과 같다.

월급쟁이 마인드 10가지

① 평범한 것에서 만족한다.

② 다른 사람을 따라 하는 걸 좋아한다.

③ 주어진 틀에서 일하길 바란다.

④ 100점을 채우면 끝낸다.

⑤ 술자리에서 일 이야기를 피한다.

⑥ 학벌을 중시한다.

⑦ 일과 여가를 분리한다.

⑧ 빚지기를 꺼려한다.

⑨ 수당에 목을 맨다.

⑩ 돈쓰기를 꺼려한다.

이게 대표적인 월급쟁이 마인드이다. 이런 사고방식으로 회사생활을 할 때는 아무 문제가 없다. 꼬박꼬박 월급을 받고, 직장에서 인정을 받아 승진도 할 수 있다. 그러나 창업 시장에서는 상황이 다르다. 이런 마인드를 갖고 있는 창업자는 얼마 지나지 않아 도태될 게 뻔하다.

구체적으로 살펴보자. ①, ②, ③의 사고를 하는 사람이 내놓는 아이템과 상품은 시장 경쟁력이 떨어질 수밖에 없다. ④, ⑤, ⑦의 경우 일을 대하는 자세가 한가하다. 이 정도면 된다는 안일한 생각에 젖어 있다. 이래서는 지옥 같은 창업 시장에서 살아남기 힘들다. 창업 시장은 100점 이상의 잠재력을 발휘해야 하는 곳이기 때문이다. ⑧, ⑩의 경우도 그렇다. 사업을 하려면 큰돈이 소요되는데 이때 빚을 낼 수도 있고 일단 돈을 쓸 때는 통이 커야 한다. 크게 돈이 투자되는 만큼 급속도로 번창하는 게 비즈니스다. 그런데 빚내기를 주저하고, 나가는 돈에 인색하다면 어떻게 사업을 하겠는가.

따라서 창업을 희망하는 분은 창업 전선에 나가기에 앞서 창업가의 마인드로 무장해야 한다. 그렇다면 창업자의 마인드는 어떤 것일까? '월급쟁이 마인드의 특징 10가지'와 반대로 생각하면 된다.

창업자의 마인드 10가지

① 특이한 것에서 만족한다.

② 다른 사람을 따라 하지 않는다.

③ 틀을 부수고 새로 만든다.

④ 120점을 채우려고 노력한다.

⑤ 술자리에서 꼭 일 이야기를 한다.

⑥ 학벌을 신경 쓰지 않는다.

⑦ 일과 여가를 구별하지 않는다.

⑧ 기꺼이 빚을 낸다.

⑨ 남는 시간에 투잡을 뛴다.

⑩ 과감하게 돈을 쓴다.

①, ②, ③번처럼 해야 시장에 차별화된 아이템과 제품을 내놓을 수 있다. 그래야 고객의 가슴을 요동치게 해 순순히 지갑을 열게 만들 수 있다. 또한 ④, ⑤, ⑦번처럼 머리끝에서 발끝까지 온통 사업에 대한 생각과 열정으로 가득해야 한다. 이와 함께 100점을 뛰어넘는 획기적인 발상과 기획을 해야 한다. 이 과정에서 ⑥번처럼 학벌을 중요하게 여기지 않으며 ⑧, ⑩번처럼 빚을 신용으로 여겨야 하고, 통 크게 돈을 써야 한다. 마지막으로 ⑨처럼 남는 시간에 투잡을 해야 한다. 투잡은 본격적으로 창업을 하기 전에 워밍업을 한다는 의미가 있다. 투잡 경험을 통해 창업 실패를 최소화할 수 있다.

가죽 수선으로 매달 순수익 1,000만 원 이상을 벌어들이는 최수혁(가명. 43세) 대표가 창업에 성공할 수 있었던 것도 창업자 마인드를 잘 갖추었기 때문이다. 그는 업무 강도가 세기로 유명한 L 대기업의 금융회사에서 오랫동안 근무했다. 그곳에서 수시로 바뀌는 정부 정책에 가슴이 철렁거리는 일이 많았다. 게다가 실적에 대한 압박 때문에 매일 야근을 밥 먹다시피 했다.

원래 그는 대학 때 밴드 동아리를 했을 만큼 예술적 감성이 풍부했다. 비록 높은 연봉 때문에 금융회사에 취직했지만 자신의 창의적인 개성을 감추기가 힘들었다. 기회가 있을 때마다 틔는 복장을 하고 회사에 나타났고, 동료와 다른 특이한 아이디어를 내는 일이 많았다. 이는 '창업자 마인드의 특징 10가지' 중에서 ①, ②, ③번에 해당된다. 그래서 그는 회사에서 별종으로 취급받았다.

여기다가 그는 주말을 이용해 가죽 수선을 배웠다. 이 취미를 배우게 된 계기는 두 가지였다. 첫째는 취미로서 자신의 예술적 취향에 맞는다는 점, 둘째는 부업으로 할 수 있다는 점이다. 몇 년 만에 그의 기술은 프로 수준에 도달했지만 거기에서 안주하지 않고 그 이상의 실력을 연마했다. 이는 '창업자 마인드의 특징 10가지' 중에서 ④번이다. 그는 120점을 채우려고 노력했다. 그러자 실력이 입소문이 나서 아르바이트로 꽤 짭짤한 수입을 거두었다. 이는 '창업자 마인드의 특징 10가지'의 ⑨번, '남는 시간에 투잡을 뛴다'에 해당된다. 이렇듯 그는 창업을 하기도 전에 이미 창업자 마인드로 채워져 있었다. 삼십대 후반이 되자, 창업을 심각하게 고민하다가 실행에 옮기기로 했다.

"가죽 수선이 시장성이 있는지 확인하기 위해 공동구매 사이트, 네이버와 다음 카페 등에 광고를 하여 수요층을 분석했습니다. 그 결과 가죽복원, 염색 분야의 사업이 꾸준히 성장해 나갈 수 있다는 생각이 들어 회사를 그만두고 창업하기로 결심했습니다."

현재 그의 가게에는 직원이 3명이고 사무실 임대료도 만만치 않다. 하지만 여기에 드는 비용을 다 빼도 순수익이 1000만 원이 넘는다. 가죽 복원, 염색 아이템의 마진율이 90%가 넘기 때문이다. 그의 창업자 마인드는 여전히 현재 진행형이다. 그는 다른 가게와 다르게 가죽 수선과 염색에 창의적인 예술성을 가미하며, 모든 제품을 120점의 노력으로 대하고 있다.

3 절박함으로
자신을 내려놓으라

1998년 숙대 앞에 한 호떡 노점이 문을 열었다. 주인은 여느 노점 주인과 달리 넥타이를 하고 손님을 맞이했다. 노점 내부도 여대생들의 감각에 맞게 예쁘게 치장했다. 주인은 장사 수완을 발휘해, 더 크고 맛있는 호떡을 만들었다. 그러자 손님이 줄을 이었다.

수년 후 그는 2천억대 매출을 올리는 프랜차이즈의 대표가 되었다. 그가 바로 '본죽'의 김철호 대표이다. 그는 원래 잘나가는 무역업체 대표였지만 IMF 때 회사가 문을 닫으면서 길바닥에 나앉았다. 당시 그는 수중에 돈도 없었고, 변변한 요리 기술도 없었다. 그래서 처음 시작한 게 호떡 노점이었다.

더는 물러설 곳이 없다는 절박한 심정의 그는 체면과 위신을 모두 던져버리고 맨땅에 헤딩을 하듯 호떡 노점상을 시작했다. 이것마저 망한다면 미래는 없었기 때문이다. 기어코 호떡 장사로 성공을 거두었고, 이를 발판 삼아 죽 메뉴를 내건 식당을 열었다. 본죽을 할 때도 그의 마음은 변함이 없었다.

"음식 장사를 하겠다고 마음먹었을 무렵, 내 삶은 벼랑 끝에 놓여 있었습니다. 더는 물러날 곳이 없다는 절박함이 매 순간 나를 짓눌렀고, 그것은 성공에 대한 간절함으로 이어졌습니다."

이렇듯 김철호 대표가 죽 메뉴의 외식업 창업을 해서 성공할 수 있었던 가장 큰 이유는 '절박함'이다. 탁월한 요리 기술도, 영업 수완도, 홍보 역량도 아니다. 오로지 절박함을 가지고 있었기에 대형 프랜차이즈를 키울 수 있었다.

아무도 거들떠보지 않는 죽 메뉴로 가게를 차릴 때도, 절박함을 갖고 있었기에 새로운 시장에 도전할 수 있었다. 만약 그가 차선책을 선택할 여유가 있었다면, 환자들이나 먹는 죽을 파는 가게를 차릴 생각을 할 이유가 없었다. 그는 자신의 성공 비결에 대해 말했다

"쫄딱 망해 봐야 재기도 제대로 할 수 있다!"

이 말은 더 물러설 수 없을 정도로 망했을 때 비로소 절박함이 생겨나는데, 이를 통해 재기할 수 있다는 뜻 아닐까? 이는 곧 '절박함이 없으면 재기도 제대로 할 수 없다'는 말이다.

2017년 벼룩시장 구인구직에서 직장인 1104명을 대상으로 창업에 대한 설문조사를 했다. 그 결과 응답자 74.9%가 '한번쯤 창업에 도전해 볼 가치가 있다'고 답했다. 이렇듯 대다수 직장인은 창업을 꿈꾼다.

언제 퇴직할지 모르는 불안함과 창업해서 대박을 낼 수 있다는 기대감, 자신이 원하는 일을 하고 싶은 욕망 등이 있기 때문이다.

여기까지는 충분히 수긍하고도 남는다. 문제는 직장인들이 창업 시 도전하고 싶은 사업 분야 1위가 커피숍, 식당 같은 외식업(29.3%)이라는 점이다. 이를 보면 정말 남의 일 같지 않게 마음이 무겁다. 커피숍, 식당은 흔한 아이템에다 겉만 번지르르하기 때문이다. 커피숍을 하고, 웬만한 규모의 식당을 차리면 번듯해 보인다. 아는 사람들의 눈치를 볼 필요도 없다. 하지만 실속이 없다. 망하기 쉬워도 너무 쉽다.

이를 통해서 알 수 있는 건 창업을 희망하는 직장인들이 체면과 위신에 매달리고 있다는 점이다. 더 이상 물러설 곳이 없다는 절박감을 갖고 성공 확률이 높은 아이템을 선택해도 성공할까 말까이다. 그런데 겉만 번지르르한 아이템으로 창업을 하면 실패 가능성이 높을 수밖에 없다. 모름지기 절박감을 가질 때 겉모습에 가려진 창업 아이템의 핵심이 눈에 들어온다. 그 핵심은 곧 최선을 다하는 만큼 안정적으로 보장되는 수익을 의미한다. 이러한 아이템의 핵심을 마주해야 창업의 순탄대로가 열린다.

2014년 출장 세차의 'MD오토'를 창업한 서준형(40세) 대표가 그런 케이스다. 그는 직업의 겉모습을 보지 않고 고수익이 보장되는 점에서 출장 세차 아이템을 선택, 프랜차이즈 창업에 성공했다. 현재 연간 13억 매출에 순수익 5억을 내고 있다. 사실 그도 '남의 차를 닦는 일을 왜 해야 하나'라는 자괴감이 없었던 것은 아니다. 처가댁 큰형의 권유로 세차업을 할 때만 해도 스트레스를 받으며 건성으로 일했다. 그러다 보니 변변한 수입도 없어 어느 새 집에 쌀이 떨어지는 지경에 이르고 말았다.

"정말 죽고 싶었습니다. 처와 남동생, 다른 식구들과 지인들한테 너무 부끄러웠습니다. 그러던 중 하루는 이런 생각이 들었습니다. '나 하나 바라보고 사는 식구를 위해서라도 이렇게 생을 마감할 수는 없다. 이렇게 죽을 바에는 죽을 용기로 나 자신을 바꾸어 한 번만 제대로 살아보자'라는 생각이 뇌리를 스쳐 지나갔습니다."

이렇듯 절체절명의 순간이 닥치자 제대로 살아보자는 절박감이 들었다. 이를 계기로 그는 180도 달라졌다. 사람들이 경시하는 세차업에 피땀을 쏟기 시작했다. 처음부터 다시 시작한다는 마음으로 모르는 것을 하나하나 배워 나가고, 매일 밤 늦도록 기술 연마를 거듭했다. 그러자 월수입이 1000만 원을 넘어섰고, 세차를 잘한다는 입소문이 꼬리에 꼬리를 물고 이어졌다.

이렇게 해서 세차업 규모가 커지자 정식으로 프랜차이즈 'MD오토'를 세웠다. 성장속도가 매우 빨랐다. 창업한 2014년에만 가맹점 15호점을 돌파한 데 이어 2017년에 전국 가맹점이 66개로 늘어났다.

"저에게는 누구보다 이 창업에 대한 확신과 꿈이 있었습니다. 현재는 그렇게 반대하시던 지인 사람들도 저에게 프랜차이즈를 받아서 수입을 많이 올리고 계십니다. 앞으로 MD오토의 목표는 2020년까지 고객 보유수 1,000만 명 돌파입니다."

누군가는 창업을 하는 데에서 절박함은 부차적이라고 주장할 수 있다. 창업자금 두둑하고, 영업 능력 뛰어나면 만사 오케이 아니냐고 항변할지 모르겠다. 하지만 절대 그렇지 않다. 미소금융중앙재단의 조사에 따르면, 2010년에서 2011년 동안 자금을 대출받아 창업한 저소득, 저 신용자들 2만 8,389명 가운데 3년 이상 2014년까지 생존한 비율이 71.2%로 나타났다. 통계청이 발표한 창업자 창업 후 3년 이상 생존 비율 38%의 두 배나 많은 수치다. 이는 곧 절박함으로 무장해 자신을 내려놓은 저소득, 저 신용자들의 창업 성공률이 높다는 것을 의미한다. 절박함이 창업이나 사업에 있어서 얼마나 큰 영향을 미치는지 알 수 있는 단적인 사례다.

4 역발상으로
틈새시장을 개척하라

　우리나라에 산업자원, 천연자원, 관광자원이 없어서 '3무의 땅'이라 불리는 곳이 있었다. 이곳은 버려진 살림 말고는 그 무엇도 없었다. 인구는 고작 4만에 불과했고 주민들 중 고령자는 20%가 넘었다. 그러나 지금은 매년 수백만 명이 찾는 관광 명소로 거듭났다. 그 유명한 함평 나비축제가 열리기 때문이다.

　다른 지역에는 볼거리가 풍족하게 갖추어져 있어 수많은 관광객이 몰려들고 있었다. 그러나 함평은 상황이 달랐다. 변변히 보여줄 게 없었다. 주민들은 관광으로는 성공하기 힘들다고 고개를 절레절레 흔들었다.

　이때 군수 이석형이 문제를 제기했다.

　"관광 농사는 반드시 땅에서만 하라는 법이 없지. 우리 함평만의 하늘을 이용해 관광 농사를 해보면 어떨까?"

그는 기존의 '땅 중심의 관광 농사'의 패러다임과 정반대로 생각했다. 이렇게 해서 하늘을 주 무대로 하는 나비를 활용하기로 했다. 곧바로 십만 마리의 나비를 부화시켜 관광 상품으로 준비했다. 축제 때에 관광객은 나비를 날리기도 하고, 나비의 생태를 관찰하기도 하면서 자연과 동화된 이색적인 경험을 할 수 있었다.

여전히 주민들이나 외부인들은 냉소적인 반응이었다. 나비를 보러 촌구석까지 과연 몇 명이나 오겠느냐는 것이었다. 그러나 뚜껑을 열어보니 상상을 초월한 결과가 나왔다. 예상한 관광객 수 5만 명의 수십 배를 넘어선 60만 명이 찾아왔다. 대박이었다.

만약 함평이 다른 지역처럼 땅 중심의 관광산업을 추구했다면 어떻게 되었을까? 이미 그 분야는 다른 지역들이 선점하고 있으니 성공하기 힘들지 않았을까? 하지만 함평은 기존의 땅 중심 관광산업과 다른 길을 개척했다. 이것이 바로 역발상이다. 모든 사람이 '예'라고 할 때 '아니오'라고 하며 정반대의 길을 생각하는 게 역발상이다. 함평 나비축제의 성공 요소는 두말할 필요 없이 바로 이것이다.

일본 기업 발뮤다(BALMUDA) 또한 역발상을 통해 포화상태인 가전제품 시장에 선풍을 일으키고 있다. 가전제품 시장은 그 어느 곳보다 경쟁이 치열하다. 이미 수많은 가전회사에서 나올 만한 상품은 다 나왔고, 다들 비슷비슷했다. 그래서 소비자의 눈을 잡을 끌 수 있는 건 가격 경쟁력뿐이었다. 다른 제품보다 가격이 조금이라도 싸야 한 대라도 더

팔 수 있었다. 점점 중국의 저가 제품이 인기 몰이를 해가고 있었다. 이때 발뮤다의 대표 데라오겐 사장은 타 회사 대표와 정반대로 생각했다.

"우리는 다른 업체처럼 더 값싼 전자제품을 만드는 데 목표를 두지 않겠어. 가격이 더 비싸더라고 오감을 만족시켜줄 고품질의 제품을 추구하겠어. 눈썰미 있는 고객들은 우리 제품을 알아봐줄 거야."

이렇게 해서 그는 가격이 높지만 품질이 좋은 토스터, 선풍기를 연달아 내놓으며 대히트를 쳤다.

창업 희망자들이 쉽게 선택할 수 있는 업종은 바로 치킨집이다. 특별한 기술이 없어도 점포를 운영할 수 있다는 매력 때문에 많은 사람들이 몰려든다. 특히나 베이비붐 세대가 은퇴 후 많이 선택하면서 치킨집 시장은 이미 과포화상태다. 우리나라 치킨집은 전 세계 맥도날드 매장 수 3만 5천여 개보다 많다.

그 결과는 매우 아찔하다. 서울의 경우 치킨집은 3년^(2012~2014년) 안에 38%가 폐점한다. 그런데도 많은 사람들이 이름만 들어도 알 수 있는 유명 브랜드 치킨점 창업을 희망하고 있다. 그들의 속마음은 이렇다.

'설마 내가 망하겠어. 나는 다른 사람과 달라. 최선을 다하면 좋은 결과가 나올 거야.'

이들은 우물 안 개구리와 같다. 이미 객관적으로 통계가 다 나왔는데 그걸 무시하기 때문이다. 설령 가게를 잘 운영한다고 해도 새로운 고객을 만든 게 아니라 다른 가게의 고객을 뺏어온 거라는 점도 간과해서는 안 된다. 고객은 단골 가게를 놔두고 비슷한 아이템을 내건 가게를 찾을 이유가 없기 때문이다. 다른 가게의 단골 고객을 뺏어오는 것은 정말 힘든 일이다.

그런데 이런 숨 막히는 치킨점 시장에서 수뿌레치킨의 윤제일 대표는 역발상으로 승승장구하고 있다. 이 치킨점의 아이템은 잘 알려진 오븐구이 순살치킨이다. 새로운 것은 전혀 없다. 더더욱 이 아이템에는 단점이 두 가지 있었다.

첫 번째는 오븐구이 치킨 특성상 튀김옷을 입히지 않아 양이 너무 적고 가격이 비싸다는 점이다. 두 번째는 오븐 기계 가격이 비싸다. 윤제일 대표는 이 두 가지 약점을 갖고 있는 오븐구이 치킨에서 역발상을 했다.

'그래, 이 두 가지 약점 때문에 창업자들이 별로 없어! 그렇다면 이것을 업그레이드 시키면 틈새시장을 개척할 수 있을 거야. 양이 적고 비싼 대신 고품질로 승부를 걸자.'

이렇게 해서 참나무로 구워 숯불치킨 본연의 맛을 극대화한 명품 치킨을 만들어냈다. 치킨점은 창업자의 무덤이 될 가능성이 매우 크다. 이런 상황에서 창업희망자에게 요구되는 건 '옛 발상'을 벗어난 '역발상'이다. 그래야 틈새시장에서 살아남을 수 있다.

온라인미디어 아이엔시닷컴은 '뛰어난 리더들이 갖고 있는 8가지 역발상(8 core beliefs of extraordinary bosses)'에 대해 소개했다. 창업을 희망한다면 아래를 참고해, 관습적인 사고를 탈피하고 역발상을 습관화하자.

① 비즈니스는 전쟁이 아니라 생태계이다.

② 회사는 기계가 아니라 커뮤니티이다.

③ 경영은 통제가 아니라 서비스다.

④ 직원들은 내 자녀들이 아니라 내 동료들이다.

⑤ 동기부여는 두려움이 아니라 비전에서 비롯된다.

⑥ 변화는 고통이 아니라 성장을 뜻한다.

⑦ 기술은 자동화를 의미하는 게 아니라 능력을 뜻한다.

⑧ 일은 고역이 아니라 즐거운 경험이 되어야 한다.

5

질문이
창업 대박을 결정한다

"이 아이템으로 대박을 낼 수 있다고 해서 창업을 하려고요."

"지인이 창업에 성공했거든요. 저도 그쪽으로 창업하고 싶습니다."

창업 희망자들에게서 자주 듣는 말이다. 이처럼 좋은 아이템이라고 들어서 혹은 유명 창업 컨설턴트가 소개해서 아무 생각 없이 창업하는 사람이 적지 않다. 이들은 대박의 꿈에 홀린 채 자신만의 생각은 전혀 하지 않는다. 이래서는 실패의 쓴맛을 볼 가능성이 매우 높다.

이와 달리 창업에 성공한 사람들은 돌다리도 여러 번 두드린 후 건넌다. 매사에 신중하다는 뜻이다. 그래서 늘 질문을 던지는 습관을 가지고 있다. '왜 창업을 하는가?'에서부터 '어떤 아이템을 선정해야 하는가', '어떻게 영업을 할 것인가' 등의 질문으로 머릿속이 가득하다. 이런 질문을 통해 최종적으로 확답이 도출되어야만 안심을 한다. 질문은 특히 창업을 시작하기 전에 중요한 역할을 한다.

일회용품 광고회사 마이프리의 정종훈(45세) 대표는 질문을 통해 획기적인 아이템으로 창업했다. 종잣돈 1억 원으로 시작한 회사는 현재 연매출액이 5억여 원이며 본사 직원 8명에 가맹점은 60개, 전국에 영업사원이 500여명에 이른다. 불과 창업 후 1년 안에 이룬 성과이다. 웹디자인 학원 강사를 시작으로 디자인 분야에서 20여년 일해온 그는 40대에 이르러 자신만의 사업을 해보려고 했다. 그러기 위해 다양한 사업구상을 하면서 질문을 던졌다. '디자인 전공을 살릴 수 있는 새로운 창업 아이템으로 무엇이 있는가?'

그는 멈추지 않고 계속 자신에게 이 질문을 던졌다. 그러다가 광고분야에 끌렸다. 이미 광고 쪽은 틈새가 없다시피 했지만 그는 질문을 통해 새로운 시장을 개척했다. 어느 날 자판기 커피를 마시고 나서 빈 종이컵을 바라본 그는 종이컵의 빈 여백을 눈여겨보며 질문을 던졌다.

'종이컵의 빈 여백에 광고를 할 수 없을까?'

전단지보다 종이컵에 광고를 하는 게 더 유익해 보였다. 눈길을 받지 못한 전단지는 쓰레기나 마찬가지이나 종이컵은 한 번의 사용 가치를 가지고 있다. 따라서 종이컵 광고가 전단지보다 더 높은 광고효과를 보일 듯했다. 이렇게 해서 종이컵으로 광고를 하기로 했다.

그의 질문은 여기에서 끝나지 않았다. 다시 '영업을 어떻게 할 것인가?'라는 질문으로 이어졌다. 그런 끝에 묘안이 떠올랐다. 광고 수주가 들어와야 수익이 생기는 기존 광고회사와 차별화하기로 했다. 우선 전국 시, 구 단위로 대리점 성격의 영업점을 모집했다. 이 영업점에 영업 관리자 모드를 제공하고 솔루션 사용료를 받았다. 그러자 창업 초기에 자금을 많이 확보할 수 있었다. 그 다음으로 전국 영업사원이 종이컵을 사용할 곳을 등록하면, 등록비용을 주고 등록한 곳에 종이컵을 무료로 제공했다. 이렇게 하자 급속도로 사업이 확장되었다.

그의 창업 발상은 참으로 창의적이다. 그는 자신의 창업 발상법에 대해 이렇게 말한다.

"저는 항상 '질문'을 던집니다. 보통은 다 정해진 답을 따라가기 마련인데, 저는 질문을 물고 늘어집니다. 정해진 답을 따라가서는 성공하기 힘드니까요. 이미 정해진 매체인 전단지, 현수막, 신문광고 등으로 사업을 했다면 금세 망했을 겁니다. 광고 수주를 먼저 받아서 수익을 내려고 했을 경우도 보나마나 참패를 면치 못했겠지요. 창업자는 다른 사람과 똑같은 생각을 하면 앞설 수 없다고 봅니다. 그래서 필요한 게 질문이라고 생각합니다."

유아식 회사의 베이뷰의 백대호(50세) 대표 또한 질문을 통해 창업을 했다. 그는 디자인을 전공해 광고대행사를 운영했는데, 우연히 브랜드 개발 및 홍보를 해준 농산물 업체가 첫해에 600억이라는 대박을 내는 걸 지켜보았다. 광고대행업 분야에서는 더 이상의 성장을 기대하기 힘들다는 사실을 절감한 그는 풍부한 경력을 바탕으로 직접 제조업에 뛰어들면 어떨까 하는 생각을 했다. 그는 식품 쪽 광고 홍보의 전문성을 살려서 질문을 곱씹었다.

'시장성이 풍부한 식품 아이템으로 무엇이 있는가?'

그때부터 많은 시간을 유망한 식품 아이템 발굴에 투자했다. 많은 창업자들이 몰려드는 아이템을 걸러내면서 현재의 시장이 작더라도 앞으로 더 커질 아이템을 찾아보았다. 그의 눈에 이유식이 들어왔다. 시장조사를 해보니 출산율은 떨어지고 있었지만 이와 반대로 품질 좋은 이유식에 대한 수요는 계속 높아지고 있었다. 신세대 엄마들은 간편하게 만들 수 있으면서도 영양이 많은 이유식을 선호했다.

이렇게 해서 쌀눈 이유식을 제품으로 내놓았다. 유기농 슈퍼푸드로 각광받고 있는 쌀눈은 영양소가 풍부하면서, 특히 영유아의 면역력 증진과 영양보충에 좋은 효과를 보였다. 그는 창업에 앞서 질문이 매우 중요하다고 강조한다.

"계속 질문을 던져서 답을 얻어내야 합니다. 예를 들어 외길 앞에 벽이 있다고 합시다. 벽을 넘어가기 위한 방법으로 벽을 타고 넘어가는 법, 뚫어서 가는 법, 땅 파서 아래로 가는 법이 있습니다. 대부분은 이 방법을 시도하다가 막히면 '이것은 못할 일이구나'라고 포기합니다. 하지만 벽을 넘어가는 방법이 3가지밖에 없을까요? 저는 이 3가지 말고 또 다른 방법을 알고 있습니다. 끈질기게 질문을 던졌기 때문에 그걸 알고 있는 겁니다. 질문을 계속 던지다 보면, 어느 순간 아무도 생각지 못했던 새로운 아이디어가 떠오르게 됩니다."

세계적인 컨설팅 기업 맥킨지는 기업에서 혁신적인 아이디어를 얻기 위해서는 질문을 하라고 주문한다. 맥킨지에서는 대박 아이디어를 도출하는 질문법을 정립했다. 창업자에게도 질문이 무엇보다 중요하다. 온라인비즈(onlinebiz.kr)에 따르면, 창업 희망자가 꼭 해야 할 핵심적인 질문 9가지는 다음과 같다. 이를 잘 참고해 창업 대박을 이끌어낼 수 있어야 한다.

① 불규칙한 생활을 견딜 수 있는가?

② 어디로 튈지 모르는 상황에 적응할 수 있는가?

③ 생활비로 얼마가 필요한가?

④ 사업의 타깃 고객은 누구인가?

⑤ 당신이 잘 알고 있는 분야인가?

⑥ 창업을 함께 한 동료들과 핵심역량이 겹치지는 않는가?

⑦ 성과를 측정할 지표를 이해하고 있는가?

⑧ 회사의 수익을 어떻게 만들 것인가?

⑨ 회사를 어떻게 알릴 것인가?

6

퇴직 전에 완벽히
창업 준비를 하라

많은 사람들이 창업 시장에 뛰어들고 있다. 이 가운데 50~60대 베이비부머(1955~1963년생)가 크게 늘어나고 있다. 대개 남부럽지 않은 직장에 다니다가 퇴직하면서 어쩔 수 없이 창업에 도전하는 사람들이다. 내가 직접 접한 사람들만 해도 대기업 임원, 고위 공무원, 금융회사 간부 등 면면이 화려하다. 상당수는 비즈니스 경력이 풍부하고 꽤 많은 자금이 있어서 창업을 쉽게 생각하는 경향이 있다.

하지만 창업은 그리 호락호락하지 않으며 실제로 이들의 창업 성공률은 그다지 높지 않다. 베이비부머가 끝없이 창업을 하지만 절반은 부도가 나고 있는 게 현실이다.

그러면 대체 왜 이들이 창업에 실패하는 걸까? 여러 가지 원인이 있겠지만 일반적으로는 시류에 편승한 아이템 선정, 영업 능력 부족, 고객 서비스 마인드 부족, 체면과 위신에 대한 집착 등을 들 수 있다.

그런데 이보다 근본적인 원인은 다른 데 있다. 바로 창업 준비 부족이다. 구체적으로 살펴보면, 퇴직 전에 철저히 창업을 준비하지 않았다는 점이다. 창업 준비는 퇴직하고 나서 해야 하는 것이라는 생각이 실패의 큰 원인이다. 창업에 성공하려면 회사를 다니면서 충분히 준비하여 안정성을 확보해야 한다.

《직업의 종말》의 저자 테일러 피어슨은 말했다. "분명한 건 지금 우리가 일자리의 정점에 서 있으며, 직업의 종말에 다가가고 있다는 점이다."

그는 단호하게 머지않아 직업의 시대가 끝날 것이라고 말한다. 전 세계적인 교육 수준의 향상과 첨단기술의 비약적 발전으로 안정적인 직장이 점차 사라진다는 것이다. 미국의 경우, 1960년에서 2000년까지 연 평균 250만 개의 일자리가 생겼지만, 21세 첫 10년 동안 일자리는 무려 10만 개가 사라졌다고 한다. 따라서 전통적인 직장에 안주하기보다는 자신만의 비즈니스를 창업하는 게 필요하다고 한다. 그러면서 위험부담을 최소화한 창업의 길 두 가지를 제시한다. 단계별 접근(Stair Step)과 수습생활(Apprenticeship)이다.

전자는 직장에 다니면서 부업을 하면서 성공에 대한 자신감과 비즈니스 노하우가 생길 때 창업하는 것이고, 후자는 자신이 원하는 비즈니스를 하는 회사에서 근무하면서 그 분야의 사업 노하우를 습득한 후 창업하는 것을 말한다. 둘의 공통점은 퇴직 후에 준비하는 게 아니라 직장에서 다니면서 창업을 준비한다는 점이다.

전 세계인이 이용하는 온라인 경매 사이트 이베이(eBay)는 직장에 다니는 한 청년에 의해 만들어졌다. 프로그래머로 일하던 그는 애인에게 줄 캔디 상자를 구하기 위해 광고를 올렸다가 수십 명으로부터 팔겠다는 연락이 온 것을 보고 아이디어를 떠올렸다. 그렇지만 당장 회사를 그만두지 않았다. 회사를 다니면서 부업으로 이베이를 하다가 어느 순간 회사의 급여보다 몇 배 많은 수입이 들어오자 비로소 퇴직을 결심했다. 이렇게 해서 그는 창업의 순탄대로를 걸어갔고 억만장자가 되었다.

애플의 공동 창업자 스티브 워즈니악도 HP를 다니면서 창업했으며, '신발에 관한 모든 문제를 해결한다'는 O2O 서비스 기업 '왓슈(Whatshoe)'의 창업자도 직장을 다니면서 창업했다.

우리나라에도 직장을 다니면서 창업 준비를 완벽히 마쳐서 성공 궤도를 걷는 케이스가 많다. 두 케이스를 소개한다.

먼저, 미국에서 숙취 음료를 파는 '82 LABS'. 이 회사의 이시선(28세) 대표는 직장에 다니면서 창업 준비를 마쳤다. 테슬라에 다니던 이 대표는 미국에 숙취 음료가 없다는 점을 간파, 한국의 숙취음료를 제조해 팔기로 했다. 회사에서 제품 개발을 해온 경력을 살려 숙취 아이템의 시장성을 충분히 조사했고 자신감이 들어 창업했다. 그 결과는 성공이적었다. 3개월 만에 40만 병이 팔리면서 매출 30억을 돌파했다. 그는 직장에 다니면서 창업 준비를 한 배경에 대해 이렇게 말한다.

"요즘은 창업이 어렵지 않다. 이전에는 내가 어떤 제품을 만들려면 그 제품을 생산할 설비와 공장이 있어야 하고 자본금도 많아야 한다. 지금은 아이디어만 있으면 된다. 공장이 없어도 좋은 설비와 인력을 갖춘 OEM^(주문자상표부착생산) 업체가 많아서 내가 원하는 제품을 만들어준다. 자본금 조달도 '엔젤리스트'처럼 투자자와 연결해주는 소셜네트워크서비스^(SNS)를 활용하면 된다. 꼭 창업해야겠다는 생각은 아니었지만, 그간 아이디어가 떠오를 때마다 소액으로 샘플을 만들고 주변 사람 반응을 살폈다. 숙취해소음료는 유독 반응이 뜨거웠다."

이렇게 해서 창업을 결심하자, 오히려 회사 팀장이 적극 투자해주었다.

온라인 쇼핑몰 '세 여자'의 최광종^(33세) 대표 역시 패션 회사 이랜드에 다니면서 창업 준비를 꼼꼼하게 마쳤다. 그는 회사에서 사내 브랜드를 컨설팅하는 경력을 쌓으면서 온라인 패션 쇼핑몰 창업에 대한 노하우를 확보할 수 있었다. 자신의 손에 의해 대박이 터지는 걸 경험한 그는 마침내 창업을 결심했다. 최 대표는 자신의 창업 과정을 이렇게 말한다.

"원래 패션 쪽에 관심이 많았습니다. 개인적으로 창업에 대한 비전도 있었고요. 원래 정치외교학을 전공했는데 경영학과 의상학 수업도 많이 수강했습니다. 대학 졸업 후 바로 의류 쇼핑몰 사업을 시작하려 했지만 이랜드 입사가 확정된 것을 계기로 직장에서 경력을 쌓은 뒤 업계에 뛰어들게 되었습니다."

창업 준비는 아무리 최선을 다한다 해도 부족할 수밖에 없다. 그렇지만 퇴직 후에 창업을 준비하는 것보다 직장에 다니면서 준비하는 게 더 높은 성공 확률을 보장한다는 데에는 이견이 없다. 이는 베이비부머를 포함해 전 연령의 창업 희망자들에게 해당되는 말이다. 직장에 다니면서 부업을 하든, 비즈니스 노하우를 완벽하게 익히든, 어느 쪽이든 퇴직 전에 만반의 창업 준비를 해야 한다.

《나는 직장에 다니면서 12개의 사업을 시작했다》의 저자 패트릭 맥기니스는 월가에서 잘나가는 투자사 직원이었다. 그러나 2008년 세계 금융위기로 인해 언제 직장을 잃을지 모른다는 불안감을 갖게 되면서, 이를 계기로 직장에 다니면서 사업을 시작했다. 그는 안정적인 직장을 다니면서 시간과 자원의 10%를 사업에 투자한다는 '10퍼센트 사업가'(10% entrepreneur)가 되었다. 현재 전 세계에 12개가 넘는 기업의 오너가 된 그는 이렇게 말한다.

"10퍼센트 사업가는 가용 시간의 10퍼센트, 가능하면 자산의 10퍼센트를 새로운 사업과 기회에 투자하는 사람을 말한다. 10퍼센트 사업가는 기존의 경험과 인맥을 활용해서 자신의 장점과 관심사, 커리어와 맞아떨어지는 사업 기회를 고른다. 그래서 자신이 만들어내는 모든 성과의 주인이 될 수 있다."

7

살아남으려면
초심을 잃지 말라

당 태종이 신하들에게 물었다.

"창업과 수성 중 어느 쪽이 어려운 것이오?"

두 신하가 다른 대답을 내놓았다. 방현령은 이렇게 답한다. "창업이 어렵습니다."

신하 위징은 이렇게 답한다. "수성이 어렵습니다."

그러자 당 태종은 두 신하의 입장을 정리하여 입을 열었다.

"방현령은 짐을 도와 힘들게 싸워서 천하를 얻었소. 그래서 그대는 창업의 어려움을 잘 알고 있소. 위징은 짐을 도와 나를 평안하게 다스리는 일을 하고 있소. 늘 짐이 안일에 빠질까 걱정하고 있기에 수성의 어려움을 잘 알고 있소. 하나 창업의 어려움은 지났으니 지금은 수성의 어려움에 더 신경을 쓰도록 합시다."

제왕학의 교과서 《정관정요》에 나오는 이야기다. "수성에 힘을 쓰라"는 주장을 강조하는 내용이며 이는 창업에도 통한다. 많은 사람들이 마치 새로 태어난 듯 단단한 각오와 결연한 자세로 창업에 뛰어든다. 그러면서 어떤 난관이 닥쳐와도 초지일관하게 앞으로 나아가겠다고 생각한다. 사실 그것은 쉬운 일이 아니다. 상당수의 창업자들이 초심을 유지하지 못하기 때문에 실패의 기로에 서게 된다.

그 대표적인 예로 미스터 피자를 들 수 있다. 한때 미스터 피자는 참된 기업가 정신의 표본으로 알려졌다. 이 회사 대표는 직원과 인사할 때마다 늘 깨어 있자는 의미로 '온에어'를 외쳤다. 여기다가 기계를 이용하지 않고 수제로만 피자를 만들었으며, 신제품은 1/1000의 확률의 개발 테스트를 통과해야 했다. 더욱이 대표는 직접 화장실 청소를 했다.

무엇보다 이 회사가 장안의 화제가 된 건 가맹점에 대한 배려 때문이었다. 대표는 가맹점의 이익을 최우선시하면서 가맹점을 '가족점'이라고 불렀다. 이렇게 해서 미스터 피자는 토종 브랜드로서 국내 1위에 올랐고, 이를 발판으로 세계무대로 나아갔다.

그런 이 회사가 최근 매스컴에 좋지 않은 일로 오르내렸다. 프랜차이즈 본점의 갑질 논란 사례로 말이다. 친인척 회사의 치즈를 비싼 가격에 가맹점에 강매했으며, 탈퇴한 가맹점 인근에 직영점을 열어 보복 출점을 했다. 이 회사에 대한 좋은 이미지를 갖고 있던 소비자들은 충격을 받았다. 소비자들은 발길을 돌려 다른 가게로 향했다. 얼마 지나지 않아 대표는 공식석상에 나와 사과한 후 회장직에서 물러났다. 초심을 잃어버렸기 때문에 생긴 일이다.

이와 달리 성공의 길을 걸어가는 창업자는 어떤 상황에서도 초심을 잃지 않는다. 일본의 전설적인 경영의 달인 이나모리 가즈오가 교세라 그룹을 세계적인 기업으로 키울 수 있었던 것도 초심을 유지했기 때문이다. 그는 교세라를 상장할 때 주식을 매각한 자금 전부를 회사에 넣었다. 보통의 벤처 기업가들이 상장하여 주식을 팔아 큰돈을 챙기는 것과 달랐다. 이와 함께 지금보다 더 열심히 일해야겠다면서 직원 앞에서 다짐했다.

"창업할 때의 초심으로 돌아가 회사를 일구어온 여러분과 함께 앞으로도 땀 흘리며 일할 것입니다."

흔히 치킨점과 카페는 창업자의 무덤으로 불리지만 몇몇 창업자는 초심을 유지함으로써 10년 이상 안정적으로 사업을 꾸려가고 있다. 2002년 오픈한 '쭈노치킨' 중앙대점 동근후(55세) 사장을 예로 들 수 있다. 금융맨이었던 그는 퇴직하면서 두 차례 창업을 했다가 정리하고 마지막 지푸라기라도 잡는 심정으로 치킨점에 도전했다. 하지만 그의 수중에 자금이 별로 없어서 유명 브랜드 프랜차이즈 가맹점은 할 수 없었다. 그런 그의 입맛을 이제 막 시작한 프랜차이즈의 치킨이 사로잡았다. 이 맛이면 승부를 걸어볼 수 있겠다는 확신을 가진 것이다.

이렇게 해서 오로지 변함없는 맛과 일관된 매뉴얼에 집중했다. 그러자 주변에 유명 치킨점이 우후죽순으로 생겨났지만 아무런 영향을 받지 않고 고객의 사랑을 받았다. 그 결과, 이 치킨점은 16년을 지키고 있다. 창업 성공 비결에 대해 동 사장은 이렇게 말한다.

"처음 매장을 오픈할 때 가졌던 마음을 지금도 지키고 있어요. 그게 지금까지 매장을 지켜온 힘인 것 같아요."

2007년 오픈한 젤라또&커피전문점 '카페띠아모' 제주대점의 김정자 사장은 서울 출신이지만 혈혈단신으로 제주에 내려가 가게를 오픈했다. 더욱이 제주대 인근은 상권이 형성되지 않은 상태였다. 특히나 방학 때면 대학생들이 썰물처럼 빠져나가기 때문에 웬만한 근성이 아니면 성공하기 힘든 곳이었다.

하지만 그녀는 한 번 온 고객은 절대 놓치지 말자는 각오로 서비스에 만전을 기했다. 고객이 만족할 때까지 메뉴를 무료를 제공하는 것은 물론 단체 주문 시 할인을 해주고 아이스크림 주문 시 샌드위치를 서비스해 주었다. 점차 입소문이 나면서 단골 고객이 늘어갔고, 안정적인 수익이 발생했다. 현재 이 가게는 10년 넘게 잘 운영되고 있다. 김 사장 또한 창업 성공 비결을 이렇게 말한다.

"한 매장을 오래 운영하다 보면 식상해지고 나태질 수 있어요. 저는 처음 교육받았을 때 배운 그대로 지금도 하고 있어요. 꾀를 부리거나 수익 때문에 얄팍한 생각이 드는 것을 경계해요. 처음과 끝이 같아야죠. 처음 시작할 때의 수많은 각오와 다짐을 잊지 말아야 오랜 기간 브랜드 경쟁력을 유지할 수 있어요."

초지일관(初志一貫), 초심불망(初心不忘)을 가슴에 새겨야 한다. '처음의 뜻을 한결같이 지니고, 처음 먹은 마음을 끝까지 잊지 않는 것'은 사업을 시작하는 사람들에게 필수 불가결 요소이다. 사업 실패 원인의 대부분이 초심을 잃어버린 데서 온다고 해도 과언이 아니기 때문이다. 따라서 초심을 지키는 것이야말로 사업을 삿된 길로 빠지지 않고 정도로 나아가게 하는 원동력이라 할 수 있다.

2부
영업을 모르면
창업하지 말라

8

영업 노하우와 인맥이
시행착오를 줄인다

"취업이 어려워서 그런지 창업을 꿈꾸는 젊은 예비창업자들이 많습니다. 여기다가 은퇴한 분의 예비창업자들도 꾸준히 늘고 있습니다. 그런데 꼭 명심해야 할 게 있어요. 창업은 본래 영업의 연장선상에 있기에 무엇보다 자신만의 성격과 재능에 맞는 영업직에 최소 3~5년 정도 경력을 쌓아야 합니다."

창업 희망자들에게 항상 강조하는 말이다. 흔히 이들은 창업을 위해 이것저것 많이 준비한다. 그래야 자칫 마지막이 될 수 있는 기회를 잘 살려 안정적인 사업을 할 수 있다고 생각하는 것이다. 그래서 아이템 선정, 사업계획서 작성, 종잣돈 마련, 홍보 마케팅 전략 수립, 상권분석 등 어느 하나 부족하지 않게 꼼꼼히 체크한다.

물론 이렇게 하는 게 나쁜 건 아니지만, 지나치게 형식적이고 교과서

적이다. 나의 수많은 영업 경력과 네이버 창업 분야 1위 '창사영' 카페 운영 노하우를 토대로 할 때, 창업 희망자에게 절대적으로 필요한 건 딱 한 가지다. 이것이 갖추어지지 않으면 다른 것을 아무리 잘 준비해도 실패 확률이 높다. 역으로 이것만 잘 갖추면 다른 것을 준비하지 않아도 창업 성공 확률이 높다고 자신한다.

그것은 바로 영업 역량이다! 왜 그럴까? 한 분야의 영업 노하우와 인맥 즉 인프라를 갖춘 후 차엄하면 초기에 닥칠 수 있는 어려움과 시행착오를 크게 줄일 수 있기 때문이다.

나는 과거 신한생명 법인영업 특판팀에서 3년간 한 번도 1등을 놓친 적이 없었다. 현대종합상조에 스카우트된 후에도 마찬가지였다. 프리드라이프(구 현대종합상조) 2006년도 대상식에서 그 해의 신인상을 수여했다. 이렇게 영업 달인이 될 수 있었던 건 남보다 몇 배로 더 열심히 했기 때문이다. 절대로 내가 특별히 사교적이거나 화술이 뛰어났기 때문이 아니다. 나는 평범했다. 단지 다른 영업자가 하루에 열 곳을 방문할 때 나는 스무 곳을 방문했고, 다른 영업자가 평범한 영업 기술을 구사할 때 나는 늘 새로운 영업 기술을 연마하여 선보였다. 이렇게 해서 90% 이상 개척영업에 주력했다.

효과 만점의 영업 기술 네 가지를 소개한다. 첫째는 영업 시 첫 5분 장악하기다. 영업자에게는 잠재 고객과 영업할 때 첫 5분이 매우 중요하다. 이때 아이스브레이킹(ice breaking)을 잘하면 계약 확률이 높지만 그렇지 못하면 도로 아미타불이다. 그래서 나는 별도로 레크리에이션 기술을 독학했다. 여러 명의 회사 직원들 앞에서 브리핑할 때, 마치 레크리에이션 강사처럼 분위기를 훈훈하게 리드했다. 이게 어느 정도 숙련되자, 바쁜 시간을 쪼개 모인 직원들에게 5분간의 퀴즈, 개그, 상품 추천으로 나에 대한 호감도를 높여 많은 계약을 체결할 수 있었다.

둘째는 상품 제공이다. 영업자들은 계약을 따내기 위해 별별 상품으로 잠재고객을 현혹하기 마련이다. 나는 고객 성향에 맞는 특별한 상품을 준비했다. 공공기관에서 영업할 때는 작은 돼지저금통을 미리 나누어줌으로써 자연스럽게 저축의 중요성을 자각하게 유도했다. 고등학교에서 영업할 때는 무료로 도장을 파주었다. 도장 파는 기계를 들고 가서 교감을 선두로 모든 선생님의 도장을 파주었더니 반응이 뜨거웠다.

셋째는 마음을 흔드는 화법이다. 고객에게 매우 효과적인 영업 화법이 있다. 누군가에게 영업을 할 때 그 사람 주위의 사람이 계약했다는 점을 언급하는 게 좋다. 가령 도봉 2동 동사무소에서 영업할 때, 처음 뵙는 동장님께 무작정 "안녕하세요. 현대종합상조 아무개 영업사원입니다"라고 말하는 건 별 효과를 발휘하지 못한다. 누구나 쉽게 출입이 가능해서 다양한 업종의 영업사원과 접촉이 잦은 동사무소 동장 및 직원들에게는 전혀 시선을 끌지 못하고, 퇴짜 맞는 멘트이기 때문이다.

대신 이렇게 바로 말하는 게 낫다. "동장님(혹은 계장님) 혹시 얘기 들으셨어요?" 그러면 바쁘게 일하던 그는 즉시 내게 집중하기 마련이다. 고객이 내 이야기에 귀를 기울여 주는 순간 50%는 먹고 들어가는 것이다. 그 다음은 본론으로 들어가면 된다.

"도봉구 지역경제과(혹은 OO과) 아무개 계장님께서(혹은 직원 분)께서 장모님 상을 치르시면서 저희에게 도움을 정말 많이 받으셨다고 도봉 2동에도 가보라고 하셔서 이렇게 왔습니다. 그곳 직원사람들께서도 다들 좋다며 이렇게 많이 계약을 해주시더라구요. 이것 보세요. 계약서입니다."

그러면 고객의 마음이 요동친다. 우리나라 사람 특성상 부화뇌동 즉, 본인 주변에 익히 알고 있는 사람들이 좋다고 우르르 몰려가면 거기에서 혼자만 빠지기 어렵기 때문이다. 결국, 고객은 뭔가 특별한 게 있나 싶어 더 귀담아 듣는다.

넷째로 가능성 있는 유망고객은 꼼꼼히 기록해 놓는다. 나는 신한생명, 현대종합상조, 단말기 즉, 벤(VAN) 등의 모든 오프라인 영업 시 이와 같은 마무리 영업방식을 택했다. 실제로 고객과의 계약체결은 운 좋게 영업 즉시 바로 이루어질 수도 있지만 그렇지 않을 경우가 많다. 짧게는 며칠 뒤, 길게는 한두 달 후에 계약체결이 된다. 때문에 누가 더 꼼꼼히, 철저히 유망고객을 관리하느냐에 따라 영업성공의 승패가 갈린다.

한번은 다른 영업사원들이 모 동사무소에서 이미 많은 계약을 해버렸을 때가 있었다. 아무리 노력해도 그곳에서의 계약이 잘 나오지 않았다. 이렇게 되면 보통의 영업자는 크게 실망해서 영업 후, 메모와 체크 즉, 마무리를 소홀히 하여 계약 기회를 놓친다. 하지만 나는 계약을 하나도 체결하지 못해도 결코 실망하지 않았다. 대신 그 동사무소에서 영업할 때 소개했던 아이템 즉, 상품에 조금이라도 관심을 보였던 몇몇 직원들의 인적사항을 꼼꼼히 기록해 두었다. 모든 관공서에는 친절하게도 출입문 옆 상단에 직원들의 이름과 직함이 사진과 함께 거의 붙어 있다. 이러한 유망고객 한 명 한 명의 인적사항을 수첩에 꼼꼼히 기록해 두었다가 나중에 절대 놓치지 않고 재계약을 이끌어 냈다.

단말기 즉, 벤(VAN) 영업 시에도 마찬가지였다. 수많은 로드숍을 방문할 때 내가 가지고 있는 상품이 아무리 탁월해도 바로 계약으로 이어지는 경우는 거의 드물다. 따라서 유망 고객을 기록하는 것이 중요하다. 나는 요식업종의 경우 매장 사장들이 덜 바쁜 2~4시 시간대를 집중적으로 공략했다. 이때 조금이라도 관심을 표명한 매장은 놓치지 않고 상호와 전화번호를 지역별로 정확히 구분하여 항상 수첩에 메모했다.

이렇게 해서 한 번 관심을 보인 유망고객은 5번이고, 10번이고 다시 방문에 재방문을 거듭하면서 결국 내 고객으로 만들어 냈다. 한번 문 먹이는 절대 놓지 않는 맹수의 근성이 내게 있었다. 누구에게나 영업조건, 영업환경은 비슷하다. 그리고 영업 능력은 한끝 차이 즉, 백지 한 장 차이일 뿐이다. 따라서 미래의 고객에 대해 더 꼼꼼히, 철저히 메모해 놓는 것이 훗날 엄청난 결과물을 낳는다.

이러한 영업 기술을 갈고 닦고, 또 남보다 몇 배 더 뛰었다. 그 결과 평범한 내가 영업 달인이 될 수 있었다. 일단 영업에 자신감이 생기자, 남는 시간을 활용해 다른 분야의 영업을 개척했는데 역시나 이것도 성공할 수 있었다.

지금까지 내 영업 방법을 말씀드렸다. 그러면 이게 창업을 할 때 왜 중요한지를 알려드린다. 내가 창업을 한 건 네이버 창업 1위 '창사영' 카페다. 17만여 명의 회원이 있고, 매일 만 여명이 접속하고, 하루에 약 백 명 이상이 신규 회원으로 가입하고 있다. 이 카페의 가치를 알아본 대기업, 중소기업, 벤처기업, 스타트업에서 영업사원, 대리점, 지사, 총판, 가맹점모집을 위해 배너 광고를 카페에 입점시키고 있다. 현재 나는 이 배너 광고 수입으로 고수익을 올리고 있다.

이처럼 카페 하나를 만들어서 이런 성과를 내기 쉬울까? 결코 쉽지 않다. 내가 이런 성과를 낼 수 있었던 건 다년간의 영업 경력을 통해 확보한 오프라인의 영업 노하우 및 일에 대한 성실함이 있었기 때문이다. 여기에다 늘 새로운 영업 기술을 개발하던 자세도 빠뜨릴 수 없다. 이는 그대로 온라인에도 적용되었다. 다른 사람들은 하루 이틀 카페 관리에 소홀히 하는 일이 있지만, 나는 일 년 내내 하루도 빠짐없이 카페를 관리했다. 이와 함께 회원 모집과 회원들에게 유익한 정보를 주기 위해 늘 새로운 아이디어를 냈다. 이렇게 해서 지금의 '창사영' 카페가 만들어졌다.

22살에 온라인 쇼핑몰을 창업해 현재 매출액 1200억 원에 직원 375명을 거느린 여성이 있다. 그녀는 무턱대고 온라인 창업을 하지 않았다. 창업 전 이미 영업 수완을 인정받았다. 그녀가 구입한 옷을 본 주변 사람들이 중고로 사고 싶다며 뜨거운 반응을 보였다. 그녀 자신이 좋아하는 옷을 입고 다니는 것 자체가 뛰어난 영업이었다. 이렇게 영업에 대한 확고한 자신감을 토대로 창업을 했고 대박을 터뜨렸다. 이 회사는 김소희 대표의 '스타일난다'이다.

창업 희망자들이 창업 전에 반드시 준비해야 할 한 가지가 있다면 그 것은 바로 영업 능력임을 절대 잊지 말자. 현장에서 수많은 고객과 부딪치면서 익힌 영업역량은 창업자에게 필수적이다. 영업을 모르면 차라리 창업하지 않는 게 좋다.

네이버 카페로
고객 스스로 찾게 하라

9

혹시 아직도 온라인 카페에 대해 잘 모르고, 낯설어 하는 독자분이 계실까 하는 노파심에 온라인 카페에 대해 간략하게 설명하겠다. '네이버', '다음' 같은 대표적 포털 사이트에는 '카페'라는 커뮤니티 기능이 있다. 오프라인에서 비유하자면 일종의 '동호회' 같은 성격의 모임이다.

초기의 카페 운영은 단순히 스포츠, 종교, 지역모임, 연예인 팬모임 등 네티즌들의 취미활동이 주를 이루었다. 그러나 시간이 지남에 따라 다양한 부류의 카페를 찾는 사람들과 전체적인 회원들이 더욱 늘어났고, 특히 네이버, 다음 등의 플랫폼의 영향력이 더욱 막강해지면서, 자연히 온라인 카페는 비즈니스, 사업하는 사람들이라면 반드시 운영해야만 하는 마케팅툴로 자리 잡았다.

예전에 기업에서 효과적인 광고를 하기 위해서는 조중동 등 메이저 신문사나 지역 벼룩시장 등을 이용해 광고를 했지만, 최근에는 네이버, 다음 등의 플랫폼 키워드광고 외에도 온라인 카페를 찾아 광고를 하는 기업들이 늘고 있다.

메이저 신문사나 지역 벼룩시장에는 불특정 다수를 상대로 단 하루 이틀 정도의 광고를 내도 상당한 금액을 지불해야 하지만, 온라인 카페에서의 광고는 일례로 화장품, 병원, 프랜차이즈 아이템 등 목적과 부합하는 성격의 카페를 찾고 선택해서 광고할 수 있으므로 대상이 불특정 다수가 아닌 그 아이템의 관련된 특정 다수를 상대로 더 저렴한 금액으로도 상당 기간(기본 1개월부터 2~3년 이상)을 줄곧 광고함으로 인해 오프라인 신문사들보다 가성비 측면에서도 훨씬 월등하다.

"네이버 온라인 ID(아이디)는 오프라인 영업사원과 같습니다. 그리고 온라인에 네이버 ID로 홍보한 글들은 오프라인에서 뿌려진 홍보전단지와 같지요. 오프라인에서 뿌려진 홍보전단지들은 금방 휴지통에 버려지고 바람에 날려 어디론가 사라지지만, 네이버 ID로 홍보한 글들은 절대 없어지지 않고 웹상에 차곡차곡 쌓입니다. 어느 시점에 이르면 유망고객들이 검색한 키워드가 지금까지 네이버 아이디로 꾸준히 홍보한 '글덫'에 걸려들게 됩니다. 이렇게 해서 유망고객들을 쉽게 물어오는 데 엄청난 효과를 발휘합니다."

내가 창사영 유망아이템 설명회 때 항상 강조하는 말이다. 이렇듯 창업에서 온라인 마케팅은 필수이다. 다양한 업종, 아이템이 있지만 마케팅을 위해서는 반드시 카페를 사용해야 한다. 그렇다고 오프라인 마케팅이 불필요하다는 말이 아니다. 오프라인과 함께 온라인 마케팅을 병행해야 한다.

더러 몇몇 창업자들은 블로그만을 만들어놓고 온라인 마케팅을 하려고 하지만 이는 잘못이다. 단기간 측면에서는 블로그가 카페보다 관리가 간편한 점이 있지만 장기적인 관점에서 q보면 카페가 블로그보다 효과가 훨씬 월등하기 때문이다. 블로그와 달리 카페는 회원과 회원, 광고주와 고객의 쌍방향 소통이 가능하다. 또한 다양한 메뉴 개발을 통해 고객(혹은 회원)들이 직접 게시판에 글을 쓰거나, 댓글을 씀으로써 카페에 머물러 있는 시간을 더 많이 확보할 수 있다. 이렇게 해서 카페 회원 즉 고객이 더 많이 증가할 수 있으며, 키워드 검색 시 화면 상단에 카페가 노출될 수도 있다. 그러면 돈 한푼 들이지 않고 엄청난 홍보 및 영업 효과를 낼 수 있다. '잘 만든 카페 하나 열 영업자 부럽지 않다'는 말이 괜히 있는 게 아니다.

창업한 지 얼마 안 된 J코인 노래방의 이민주(가명) 대표는 카페 효과를 톡톡히 봤다. 이 대표는 가맹점을 모집할 때 특별히 오프라인 광고를 하지 않은 대신 유행어로 만든 회사명의 카페를 만들었다. 처음에는 지인들 위주로 수십 명의 회원만 있었지만 매일 관리하다 보니 어느새 350여 명의 회원이 생겼다.

코인 노래방 창업에 관심을 가진 사람들은 대부분 네이버에서 '코인 노래방'을 검색했다. 여기다 카페 이름이 유행어이기 때문에 매일같이 검색에 노출되었다. 이렇게 되자 공짜로 J코인 노래방은 코인 노래방

중에서 제일 앞에 노출되었다. 이와 함께 이민주 대표는 묘안을 생각해 냈다. '창업 희망자들이 가장 알고 싶어 하는 걸 화끈하게 보여주자. 그건 바로 돈이다. 그날그날 벌어들이는 현금을 보여주면 만사 끝이다.'

그는 창업 희망자들의 욕망을 건드리기로 했다. 이렇게 해서 '오늘의 수입액'이라는 메뉴를 만들어, 매일 매상을 적고 지폐 사진을 찍어서 올렸다. 검색을 통해 카페를 찾은 가맹점 희망자들은 이걸 보고 그냥 놓치지 않았다. 매일 가맹점을 희망하는 전화가 왔다. 그 결과 이십여 곳 가맹점이 체결되면서 이 대표는 단숨에 10억을 벌었다.

창사영은 창업, 사업, 영업의 플랫폼으로서 관련 분야에서 '네이버 카페 1위'이다. 창사영에는 다양한 분야의 창업, 사업, 영업 아이템이 시시각각 소개되어 모든 회원들이 공유하고 있다. 특히 창업 희망자들에게 절실한 유망 아이템과 영업, 사업에 대한 고급 노하우가 게시판에 올려져 있다. 이와 함께 창사영은 최소비용으로 최대 효과를 내는 홍보, 영업 플랫폼 역할을 톡톡히 하고 있다. 홍보, 영업에서 한계를 느낀 많은 회원들이 이곳에서 희망을 찾고 있다.

현재 창사영 랭킹은 카페랭킹 최고단계인 '숲'에서 바로 두 단계 아래인 '나무 3단계'이다. 참고로, 네이버 카페랭킹은 씨앗 단계부터 나무 단계까지 6개의 등급이 있으며, 각 등급별로 5단계씩 총 30단계이다. 창사영이 높은 등급이 된 건 단지 회원 수만 집계해서 정해진 게 아니다. 진성 회원들이 많고 또 이들이 활발히 교류하고 있기 때문이다. 그러니 온라인 초보자들은 회원 수가 많다고 현혹되지 말아야 한다. 카페의 가치를 판단할 때 네이버에서 정한 랭킹과 전체 회원 수, 하루에 올라오는 게시글 및 댓글 수, 글 조회 수 그리고 트래픽^(하루 방문자 수) 등을 종합적으로 판단해야 한다.

참고로 2018년 1월 24일 현재 창사영 카페는 카페 랭킹 나무 3단계, 전체 회원 수 약 17만 6천여 명, 하루 게시글 수 약 350개, 댓글 수 약 2천여 개, 글 조회수 약 3만 2천여 회, 트래픽^(하루방문자) 약 만여 명 정도이다.

네이버 카페 운영 노하우로는 다섯 가지 방법이 있다.

우선 시작 단계에서 100여명의 회원을 모아야 한다. 편의적으로 회원 수가 많은 카페를 양도받아 다른 콘셉트의 카페로 개조해 진행하는 것도 좋은 방법이다. 하지만 프로그램을 구입해 자동 게시글 작성 등의 불법적인 방법으로 회원을 늘리는 것은 좋지 않다. 이러한 불법적인 시도는 네이버 로봇이 수시로 다 걸러내는데 자칫 블랙리스트에 오를 수 있다. 따라서 처음에는 지인들 위주로 수십 명에서 차근차근 회원을 늘리는 것이 좋다. 이렇게 해서 백여 명이 되고, 카페 랭킹이 가지 2단계가 될 때부터 검색에 잘 반영되고 회원 유입이 더욱 원활해진다.

둘째로 네이버에서 서비스하는 '지식인'을 활용해야 한다. 본인이 하고 있는 사업 영역에 해당하는 지식인 카테고리에서 3~5개 정도의 답변을 매일 달아주는 것이 매우 중요하다. 성의 없는 복사 글은 절대 안 된다. 성심성의껏 최선을 다해 답변을 달아주면서, 지식인에 답변하는 아이디 네임카드에 카페 url 주소를 넣어두어야 한다. 이를 통해 정성스럽게 작성된 답변 글을 본 네티즌들이 카페 신규 회원으로 유입되기 때문이다.

"고작 3~5개의 지식인 답변 작업이 큰 효과가 있을까?" 반문하는 경우가 있다. 나는 지금까지도 3~5개 정도의 답변 작업을 하루도 빠짐없이 하고 있다. 이렇게 해서 회원 수를 늘리는 데 큰 효과를 얻었음을 밝힌다. 카페를 운영하는 사람뿐만 아니라, 온라인 쇼핑몰을 운영하는 사람들도 최소 1년 이상 이 작업을 하고 나면 회원 수가 엄청나게 증가하는 걸 경험하게 된다.

셋째, 매일 사진과 글을 함께 올려야 한다. 사진과 글이 함께 있는 게시글이 검색에서 노출이 잘 된다. 단, 다른 곳에서 그대로 복사한 사진과 베낀 글 그리고 본문 스크랩한 사진과 글은 무용지물이다. 손수 제작한 사진과 직접 창작해서 쓴 글만이 검색에 걸리는 알고리즘이 있다는 점을 잊지 말자.

사진과 글을 올릴 때도 카페 회원의 성격에 맞아야 한다. 만약 회원이 20대라면 연예인, 스포츠스타의 사진과 글을 올리고, 4050세대일 경우에는 정치 경제 분야의 사진과 글을 올리자. 그래야 그 분야에 관심 있는 사람이 검색을 통해 카페로 유입될 수 있다.

만약 온열기 카페를 만들었다면, 직접 찍은 온열기 사진과 함께 부모님, 겨울, 선물 등의 키워드로 글을 올리자. 이렇게 잠재 고객의 관심사를 반영해서 사진과 글을 같이 올리면 검색될 확률이 높다. 신생 온열기라면 인지도가 떨어지기 때문에 유명 브랜드를 언급하면서 자연스럽게 본사 제품도 좋다는 글을 쓰는 게 좋다. 그러면 유명 브랜드를 검색하는 고객이 신생 온열기 카페로 유입된다. 근면 성실의 자세로 매일 사진과 글을 함께 올리다 보면 어느새 카페에 회원 수가 급격히 증가한다.

넷째, 수시로 오프라인 모임을 가져야 한다. 창사영 카페는 유망아이템 설명회 등 오프라인 모임을 자주 한다. 보통 4개 기업이 업종과 종목을 달리해 참여하는데, 그러면서 성황리에 진행된 현장 사진을 찍어서 올린다. 많은 청중과 뜨거운 분위기, 참가 기업체의 브랜드 및 제품 등이 사진 및 동영상으로 공개된다. 이를 본 네티즌은 이 카페가 매우 활성화되었다고 판단하여 가입한다.

다섯째, 어느 정도 목표한 회원 수가 되면 회원 관리를 엄격히 해야 한다. 이를 위해 창사영은 '창사영 카페 회사 등록 양식'을 만들어 놓았는데, 반드시 이를 지켜서 글을 올리도록 하고 있다. 또한 하루에 1개의 아이디로 같은 내용의 글은 2개까지만 올릴 수 있도록 제한하고 있다. 어뷰징(abusing) 및 도배를 방지하기 위해서이다. 이 규정을 위반하면 글이 삭제되고 아이디는 활동 정지된다. 활동이 정지되거나 강제탈퇴된 아이디들은 전체 게시판 상단 빨간색 공지로 매주 한 번씩 가감 없이 공개된다. 이렇게 해야 진성 회원이 늘고, 별 가치가 없는 가성 회원들을 가지치기할 수 있다. 카페 회원들은 이러한 엄격한 회원 관리를 높이 평가하고 신뢰하여, 시간이 지나면서 스스로 창사영 '골수팬'이 되고 있다.

이외에도 카페 관리 노하우는 많지만 핵심 사항 다섯 가지만을 소개했다. 창업 희망자들은 이것만이라도 잘 숙지하고 인내심을 갖고 카페를 키워나가야 한다. 그래야 쑥쑥 자란 카페가 알아서 척척 영업과 홍보를 해준다. 이 과정에서 아이디는 영업자가 되고, 꾸준히 온라인에 올린 글은 전단지 이상의 효과를 낸다. 그러면 어느 날부터 창업자들이 애타게 찾는 고객과 가맹점이 스스로 알아서 찾아오는 걸 경험한다. 이 놀라운 일을 카페가 해낸다. 카페 없이 창업하는 건 마치 맨손으로 전장에 나가는 것과 같다.

10

사업의 기본은
현장 영업

뉴욕 빈민가 출신의 한 영업 사원이 있었다. 그는 대학을 졸업한 후 제록스사에서 워드프로세서를 파는 세일즈를 시작했다. 재능이 있어서 곧 영업왕으로 명성을 날렸다. 그의 영업 수완은 가정용품을 파는 스웨덴 회사 퍼스토프에서도 발휘되어 큰 성과를 냈다. 그의 실력은 말 그대로 탁월함 그 자체였다.

이제는 자기 사업만이 남은 그에게 기회가 왔다. 원두커피를 파는 스타벅스가 그의 눈에 들어왔다. 점차 그 회사 규모가 커갈 것으로 예상해 스타벅스의 영업 이사가 되었다. 그런 후 그는 어떻게 하면 이 회사를 더 키울지 고민하였다.

'뭔가 혁신적인 돌파구가 필요해. 그래야 스타벅스가 크게 성공할 수 있어!'

당시만 해도 스타벅스는 커피 원두를 파는 곳에 불과했다. 고객이 원두를 사들고 집에 가서 만들어 마시는 게 관행이었다. 이런 식이라면 스타벅스의 수익 구조는 크게 나아질 수 없었다.

이때 그는 이탈리아 여행을 가서 커피바를 드나들게 되었다. 많은 사람들이 커피바의 테이블에 앉아 커피 음료를 마시며 담소를 나누고 있었다. 미국에서는 상상하기 어려운 일이었다. 그는 미국에서도 커피바가 유행할 수 있으리라 생각했다. 그리고 돌아오자마자 본사 임원진에게 커피 음료를 팔자고 제안했다.

"커피를 간편하게 마실 수 있는 커피 체인점이 뜰 게 확실합니다. 우리가 먼저 시도해야 합니다."

하지만 그의 의견은 묵살되었다. 회사를 떠난 그는 커피 음료 체인점을 만들었고 유명세를 치렀다. 이후 스타벅스 체인점을 인수해 매장 브랜드를 스타벅스로 바꾸어 현재에 이르고 있다.

이 사람은 스타벅스의 대표 하워드 슐츠이다. 그가 커피 음료 비즈니스에서 대성공을 거둘 수 있었던 비결은 무엇일까? 그는 바리스타가 아니기에 커피의 제작에는 거의 문외한이나 마찬가지다. 그런 그에게는 오랜 현장 영업 경력을 통해 축적된 영업의 촉이 있었다. 바로 이 영업의 촉이 지금의 그를 만든 것이다.

웅진그룹의 윤석금 회장도 그렇다. 웅진그룹을 일으켜 세우는 데 크게 기여한 그의 역량은 단연 영업이다. 30여 년 전 그는 브리태니커 사전 회사의 말단 영업사원이었다. 그는 1년 만에 전 세계 54개국 세일즈맨 가운데 최고의 실적을 거두었다. 30여만 원이나 되는 고가의 사전을 하루에 하나 꼴로 팔아치우자 사람들은 그를 '영업의 신'이라고 불렀다. 그는 영업 비결에 대해 이렇게 말했다.

"누구도 팔리지 않을 것이라고 했던 브리태니커 사전을 판매하면서 배운 것은 처음부터 안 된다고 생각해서는 아무것도 팔 수 없다는 간단한 진리입니다. 기본적으로 물건을 사는 사람과 파는 사람은 동등하기 때문에 상대방의 처지에서 물건을 팔아야 합니다."

이런 영업 마인드로 무장했기에 직원 7명에 불과한 작은 웅진출판사를 15개 계열사의 매출 6조 원대의 30대 대기업으로 성장시킬 수 있었다. 그의 뛰어난 영업 감각은 IMF 때 정수기를 렌탈하는 새로운 비즈니스를 창출하는 발상을 낳기도 했다.

금 도소매업을 하는 '머니메이커'라는 회사가 있다. 2011년에 창업해 현재 연매출 30억 대에 순수익 3억 원을 거두고 있다. 이처럼 높은 성과를 낼 수 있었던 비결은 바로 황윤순(36세) 대표의 현장 영업 경력 때문이다.

삼천포의 작은 시골 출신인 그는 고등학교를 졸업하자마자 광어 할인 매장에서 발군의 영업 수완을 발휘했다. 그는 고정적으로 월급만 챙겨 가는 직원에 머무는 걸 원치 않고 어떻게 하면 매출을 올릴 수 있을지 고민했다. 그런 그는 매장을 찾는 물차 사장들을 분석하기 시작했다. 그들은 공통적으로 야한 농담을 많이 했다. 이를 알아차린 그는 거기에 맞는 영업 대책을 세울 수 있었다.

큰 비용이 들지 않으면서도 최대 효과를 낼 수 있는 선물을 주기로 했다. 구체적으로 밝히기는 곤란하니 '성인물' 정도로만 알면 좋겠다. 그는 이 선물을 잘 준비해 물차 사장들에게 나눠주었다. 반응은 폭발적이었고, 입소문이 나서 다른 물차 사장들도 차를 몰고 가게를 찾아왔다. 금세 매출이 3배 이상 뛰었다.

이처럼 뛰어난 영업 역량은 어느 날 갑자기 사라지지 않는다. 상황이 달라지고 시간이 지나도 감각이 유지된다. 군대를 전역한 뒤에는 300만 원으로 족발 체인점을 시작해 직원 7명을 둘 만큼 큰 수익을 거두었다. 그가 승부를 건 것은 전단지였다. 구미를 당기는 사진을 넣은 전단지를 만들어 아주머니를 고용해 하루에 전단지 1만여 장을 배포했다. 돈을 버는 족족 전단지 홍보비용에 쏟아 부었다.

그 자신도 전단지를 배포했다. 그런데 아파트는 경비원이 붙여 놓은 전단지를 떼버리자, 아파트에 전단지를 붙이는 노하우를 터득했다. 아파트 맨 꼭대기의 아래층에 내려서 2층으로 오면서 전단지를 붙이고 나서, 다시 2층에서 지하로 내려가 다른 아파트 동으로 이동해서 전단지를 붙였다. 맨 꼭대기 층과 1층에는 경비원이 CCTV로 감시하고 있어서 이를 피하기 위한 방안이었다.

이렇게 해서 평일 기준으로 족발이 하루 평균 100~120개 판매되어, 족발집 체인점 전체 판매 1위를 기록했고, 울산 지역에만 체인점 7개가 오픈되었다. 이후 업종을 변경해 머니메이커를 운영하고 있다. 이 회사는 각종 전자기기에 포함된 금 성분을 추출하여 순도 99.99%의 골드바를 생산하고 있다. 황 대표는 버려지는 전자기기에서 골드바를 만들어 팔면 큰 수익이 난다는 점을 타고난 영업 감각으로 잘 간파한 것이다. 그는 현장 영업의 중요성에 대해 이렇게 말한다.

"불광불급(不狂不及: 미치지 않으면 다다르지 못한다)이라는 말이 있습니다. 그냥 영업에 미치면 됩니다. 성공을 위해서는 깨어 있는 시간도 잠을 자는 시간도 매일매일 내가 할 일에 대해 생각하고 그 일이 끝나고 나면 그 다음 일을 또 생각하고 준비해야 합니다. 내가 활용할 수 있는 모든 시간을 영업에 대해 생각하고 분석하고 경우의 수까지도 계속 생각해야 합니다. 그래서 매일 제 머릿속은 정말 바쁩니다. 그렇게 미치면 꿈에서도 영업에 대한 정답을 얻을 수 있습니다."

머니케이커가 전국 32개의 금도소매 체인점을 운영하는 데에는 창사영 카페가 특히 큰 도움이 되었다. 창사영 카페를 통해 체인점을 모집할 수 있었기 때문이다. 이 역시 그가 영업의 촉으로 창사영 카페의 가치를 알아보고 잘 활용한 덕분이다.

11

영업의 본질은
고객의 마음을 얻는 것

"장사란 이익을 남기기보다 사람을 남기기 위한 것이다. 사람이야말로 장사로 얻을 수 있는 최대의 이윤이며 신용은 장사로 얻을 수 있는 최대의 자산이다."

조선시대 거상 임옥상을 그린 소설 《상도》에 나오는 말이다. 사람을 남겨야 신용이 생기고 이를 통해 비로소 장사를 할 수 있다는 뜻이다. 급한 마음에 이익을 추구하려다 보면, 사람의 마음을 놓치게 되어 장사가 잘될 수 없다. 진정한 영업 고수는 이익에 앞서 사람의 마음을 얻는 데 곧, 사람을 남기는 데 주력한다. 이렇게 하면 신용이 생겨나고, 신용을 통해 장사는 저절로 잘된다.

전 골드만삭스 자산운용 대표이사 사장 도키 다이스케 역시 고객의 마음을 얻는 것을 중시한다. 그는 남다르게 소심하고 내성적인 성격 탓에 영업과는 거리가 멀었다. 하지만 이익을 위해 고객을 이용하지 않고, 고객의 마음을 사서 신뢰를 쌓기 위해 노력했다. 이렇게 해서 무려 21년 동안 영업맨으로서 최고 인재가 꿈꾸는 금융기업 골드만삭스의 최고 자리를 지킬 수 있었다. 그에 따르면, 유능한 영업자는 다음의 다섯 가지 질문에 답할 수 있어야 한다.

① 고객은 무엇을 좋아하는가?
② 고객은 요즘 무엇을 하고, 무슨 생각을 하는가?
③ 고객이 교제하는 사람은 누구인가? 고객의 가족 관계는 어떻게 되는가?
④ 고객에게 이 상품이 왜 필요한가?
⑤ 현재 고객과의 신뢰는 어느 단계인가?

이렇듯 진정한 영업 고수는 모든 에너지가 고객에게 맞추어져 있다. 고객과 사적으로 친분을 맺고 있는 사람처럼 그에게 관심과 애정을 갖고 있어야 한다. 영업은 이를 바탕으로 순조롭게 이루어진다.

서울 마포구 연남동에서 게스트하우스를 운영하는 안진호(가명) 대표는 월 6~7백만 원의 수입을 올리고 있다. 그는 현장에서 영업 경력을 쌓아오면서 영업의 본질을 잘 간파하고 있었다. 그가 2001년 처음 직장을 가졌다. 제대하자마자 부동산 분양업체에서 근무했다. 그곳에서의 일은 간단했다. 전화번호부를 펼쳐놓고 타깃 지역의 고객에게 무작위로 전화를 걸어 쇼핑몰 분양을 권유했다. 이때 고객의 취향을 분석해 그에 맞게 대응했다.

그 결과 한달 평균 5건의 계약을 따내어 성과급을 받았다. 이렇게 번 돈을 종잣돈 삼아 자기 사업을 시작했다. 자신이 분양을 권했던 쇼핑몰을 자신이 분양받아 옷가게를 차렸다. 여기서 그의 영업 수완이 발휘되었다.

그는 지역 고객에 대한 분석을 시작했다. 주 고객층이 누구이며, 그들의 소득이 얼마이며, 어떤 것에 관심이 많은지를 철저히 살피고 정리했다. 이렇게 얻은 결과를 토대로 그는 오피스 우먼을 타깃으로 잡고, 월 2~3백만 원인 그들의 수입을 고려해 저렴하면서도 튀지 않는 디자인의 옷을 선보였다. 그러자 반응이 좋았다. 고객 대응에도 만전을 기했다. 한번 온 고객은 반드시 기록해두어 꼼꼼히 분석해 두었다. 그러고 나서 그 고객이 다시 찾아오면 친밀한 관심을 보여주었다. 가령 새내기 직장 여성이 찾아오면 이런 식이다.

"직장 생활은 재밌으세요? 얼굴이 더 예뻐지신 것 같네요. 이제 곧 봄이 오는데, 직장에서 입을 수 있는 화사한 블라우스가 나왔으니 소개해 드릴게요."

이렇게 옷가게 사장님이 관심을 표하면 고객은 기분이 좋아질 수밖에 없다. 그는 고객에 대한 관심도 없이 무턱대고 상품을 사라고 권유하지 않았다. 먼저 고객에 대한 관심을 보임으로써 마음을 얻는 데 주력했다. 이게 성공하여 고객은 순순히 지갑을 열었다.

이런 영업 수완으로 큰돈을 번 그는 게스트하우스를 열었다. 여기에서도 방식은 똑같다. 홍보에 많은 돈을 쓰지 않는 대신 한번 찾아온 고객을 평생의 지인으로 만드는 전략을 썼다. 고객을 끌어들이는 데만 신경 쓰지 않고 고객의 마음을 얻는 데 노력했다. 그러자 게스트하우스는 고객의 재방문율이 높아졌고, 여행객들 사이에서 크게 입소문이 났다.

고객의 마음을 얻는 것이 영업의 전부라고 해도 과언이 아니다. 영업을 모르는 사람은 이 말을 이해하기 힘들 수 있다. 하지만 영업 고수들은 하나같이 영업의 본질은 고객의 마음을 얻는 것이라고 말한다. 현대차 '트럭 판매왕' 송재열 차장은 한 대에 1억 6천만 원 하는 트럭을 2002년부터 지금까지 800대 넘게 팔았다. 그는 판매 비결을 고객의 마음을 얻는 것에 두고 있다.

"고객은 정해져 있지 않다. 소중한 인연은 영업사원이 직접 만들어가야 한다. 내가 좀 힘들더라도, 고객이 만족할 방법이 무엇인지를 늘 고민한다."

고객에게 물건을 억지로 떠넘기는 행위는 도둑 영업이다. 반면 고객의 마음을 얻는 것은 산타 영업이다. 산타처럼 고객에게 관심을 갖고 퍼주면, 고객은 영업자를 산타처럼 열광하게 된다. 산타처럼 고객의 마음을 얻는 영업을 하기 위해서는 다음 6가지를 참고하면 된다.

① 매일 아침 힘찬 노래를 들으면서 출근하라.
② 기쁜 일이 생길 것 같은 예감을 갖고 즐겁게 행동하라.
③ 출근할 때 동료 직원에게 관심을 갖고 인사하라.

④ 고객이 전화를 해오면 산타처럼 기쁜 목소리로 받으라.

⑤ 산타처럼 고객에게 줄 선물을 정성껏 준비하면서 방문 계획을 세우라.

⑥ 고객에게 전화할 때는 산타처럼 반가운 목소리로 하며, 자신 있게 자신을 소개하라.

목표의식은
모든 비즈니스의 생명줄이다

12

"전 세계 25개국, 50만 명의 세일즈맨을 상대로 세미나와 강의를 하면서 파악한 '성공요소 1순위'는 바로 목표설정이다. 고소득을 올리는 세일즈맨은 모두 자기 분야에서 목표를 제대로 설정한 사람들이다. 그들은 매일 자신의 목표를 기록하고 또 기록한다. 끊임없이 목표의 목록을 추가해 나가는 것이다. 그리고 이러한 작업을 통해 자신의 잠재능력과 초능력을 자극하여 목표 달성을 도와줄 만한 사람들과 환경을 자기 삶으로 끌어들인다."

세계적인 비즈니스 컨설턴트이자 동기부여 전문가인 브라이언 트레이시의 말이다. 30년간 그는 23개 국 50만 명이 넘는 프로 세일즈맨과 수천 명의 최고경영자를 대상으로 강의를 했다. 특히 그가 개발한 세일즈 트레이닝 프로그램은 프로 세일즈맨들에게 큰 호응을 받고 있다. 이런 그가 세일즈맨의 첫 번째 성공 요소를 '목표설정'이라고 역설한다.

이는 수많은 프로 세일즈맨의 실전 사례를 통해 백퍼센트 입증되었다. 오로지 강한 목표의식만 있으면 세일즈에 성공할 수 있다는 것이다. 실제로 그는 자신의 강의에 참가한 평범한 세일즈맨들을 단지 목표를 세우도록 하는 것만으로 탁월한 세일즈맨으로 변신시켰다. 목표의식이 잠재력을 활성화시켜서 성공에 필요한 행동을 이끌기 때문이다.

사실 그의 삶을 통해서도 강한 목표의식의 중요성을 여실히 알 수 있다. 지금이야 동기부여와 세일즈 분야에서 그의 이름을 모르는 사람이 없지만, 젊은 시절 트레이시는 미래가 불투명한 사람이었다. 가난한 집안에서 태어나 고등학교를 중퇴하고선 목재소, 주차장, 주유소, 화물선 등에서 일하면서 하루 벌어 하루 먹고살기도 어려웠다. 이런 그가 현재 연간 매출 3,000만 달러의 인력개발회사인 '브라이언 트레이시 인터내셔널'을 세웠다. 어떻게 이처럼 놀라운 성과를 낼 수 있었을까?

그는 동기부여 전문가답게 자신의 불우한 운명에 구속되지 않고, 강한 목표의식으로 인생을 성공의 길로 돌려놓았다. 그는 성공도 우연이 아니고 실패도 우연이 아니라고 말한다. 성공하는 사람은 성공에 이르는 일을 하는 사람이고, 실패한 사람은 실패에 이르는 일을 하는 사람이라고 강조한다. 그는 암담한 현실 속에서도 성공을 향한 강한 목표의식을 가슴에 품고, 성공에 이르는 일을 함으로써 성공의 왕좌에 오를 수 있었다. 따라서 그가 강조하는 세일즈맨의 성공 요소 1순위, 곧 목표의식에 대한 울림이 크다.

세계 최고의 판매왕이자 기네스북에 12년이나 이름이 오른 자동차 세일즈맨 조 지라드 역시 마찬가지이다. 그의 세일즈에서도 역시 강한 목표의식이 큰 힘으로 작용했다. 원래 그는 실패한 낙오자였다. 고등학교 중퇴 후 구두닦이, 접시닦이, 건설현장 인부를 전전했으며, 가는 직장마다 오래 버티지 못하고 번번이 쫓겨났다. 그런 그가 마지막 생계 수단으로 선택한 게 자동차 세일즈였다. 아무도 그가 뛰어난 수완을 발휘하리라 기대하지 않았다. 그런데 놀랍게도 15년간 13,000대의 자동차를 파는 대기록을 작성했다. 이렇게 놀라운 성과를 거둘 수 있었던 비결은 대단한 세일즈 기법을 배워서일까? 그렇지 않다. 그를 전설적인 세일즈맨으로 만든 건 바로 확고한 목표의식이다.

"나는 싸움터에서 치열하게 싸워왔다. 나의 목표는 오로지 판매를 성사시키는 것이었다. 우리 가족의 생계가 여기에 달려 있었다. 판매를 성사시키느냐 못하느냐는 곧 나에게 죽고 사는 문제였다."

그는 가족을 굶기지 않기 위해 판매 성사라는 목표의식을 가졌다. 그래서 세일즈 정상에 올라설 수 있었다.

신용카드 단말기 회사 '피데스코리아'의 김휘(50세) 대표는 2005년 창업 후 현재 연 매출 14억에, 순이익 2억 5천만 원을 거두고 있다. 신용카드 단말기 시장은 엄청나게 경쟁이 치열한 곳이다. 여기에서 꽤 안정적인 수익을 거둘 수 있었던 데에는 창업 전의 영업 경력이 톡톡히 한몫했다.

그는 집안 형편이 어려운 탓에 중학교 때부터 아르바이트를 했다. 돈을 벌어야 학업을 계속할 수 있었기 때문에 남다른 목표의식을 갖고 일했다. 이런 자세는 27세의 나이에 영업에 뛰어들 때에도 유지되었다. 영업 실적을 달성하지 못하면 굶어야 했기 때문이다. 다른 영업맨과 달리 내성적인 성격이었지만 목표한 성과를 내기 위해 이를 악물었다.

"영업은 참으로 어려웠습니다. 그렇지만 매달 세운 목표치를 무슨 일이 있어도 반드시 이루어 냈습니다. 처음엔 쉽지 않았고 포기할까 망설이기도 했습니다. 점차 목표치를 달성해 나가자 성취감이 들었고 또 주변 사람들의 기대감이 있어서 더욱 노력했습니다. 이 과정에서 제품 하나를 팔기 위해 다른 회사의 영업사원과 끊임없이 경쟁해야 했고, 또 거래처 사장님을 만나기 위해 같은 곳을 수없이 방문해야 했습니다. 그러면서 영업에 대한 나만의 노하우가 생겼고 이를 잘 발휘했지요. 그러자 눈덩이처럼 매출이 늘어났습니다."

그는 목표의식으로 똘똘 뭉친 영업 경력을 바탕으로 카드단말기 비즈니스에 뛰어들었다. 카드 단말기 비즈니스는 거의 종잣돈이 들지 않았다. 제품 보관, AS 및 서류 작성에 사무실이 필요했는데, 사무실은 지인과 함께 사용해 최소 비용만 지출했다. 이렇게 해서 본격적으로 영업에 들어갔다. 카드단말기 시장은 이미 다른 회사 제품으로 과포화 상태였지만 기죽지 않았다. 그는 매달, 매년 구체적으로 몇 대를 팔겠다는 목표의식을 갖고 영업에 전념했다. 그러자 그의 열의와 정성에 감복한 자영업자 대표들이 서서히 그의 제품으로 바꾸어 주었다.

세일즈맨에게 목표의식은 생명줄이나 마찬가지다. 이것을 잃어버리면 생명을 잃는 것과 같다. 창업 희망자도 마찬가지이다. 매일, 매주, 매달, 매년 구체적으로 목표 매출액을 설정해야 한다. 그래야 도태되지 않고 살아남는다. 강렬한 목표의식과 이를 기필코 성취하고자 한다면, 다음의 '브라이언 트레이시의 목표 공식 7단계'를 가슴에 새기자.

1단계, 원하는 목표를 정확히 설정하라.

2단계, 원하는 것을 종이에 적으라. 기록하지 않은 목표는 환상에 지나지 않는다.

3단계, 목표 달성 시간을 정하라.

4단계, 목표 달성을 위해 할 수 있는 방안을 기록해 목록을 만들라.

5단계, 그 목록을 일의 연속성과 중요도를 기준으로 우선순위를 정하라.

6단계, 목표를 세웠으면 어떤 일이 있어도 실천하라.

7단계, 실천 항목은 시간에 구애받지 말고 매일 실행하라.

13

지갑을 열게 만드는
영업 대화법

다양한 연령의 창업 희망자를 만나다 보면 소위 '촉'이 온다. '이분은 잘되겠네' 아니면 '이분은 잘 안 되겠네'라고 속으로 판단한다. 탁월한 사회경력이나 우수한 사업 아이템, 많은 자본력 같은 것은 고려하지 않는다. 불과 몇 분 사이에 내 판단에 영향을 미치는 게 있다. 바로 '대화법'이다.

일단 어느 분야든 창업을 하면 많은 사람을 상대해야 한다. 그중에서는 자기와 코드가 맞는 사람도 있지만 그렇지 않은 사람도 있다. 그런데 비즈니스를 하는 입장에서 자기와 맞는 고객만 상대해서는 결코 성공할 수 없다. 따라서 다양한 성향을 가진 사람들과 원만하고 소통할 수 있는 대화의 기술이 필요하다. 그런데 대화법을 너무 소홀히 여기는 창업 희망자들이 있다. 창업 준비 과정에서 대화법을 전혀 준비 대상으로 고려하지 않는 것이다. 유명한 IT 기업 연구원 출신의 창업자를 만난 적이 있었다. 사업에 대한 자신감으로 가득 차 있는 사람이었다.

"이번에 생활용품으로 창업했는데 중소기업 'HIT 500'에 선정되었습니다. 여러 모로 지원을 많이 받았습니다. 특히나 홈페이지에 우리 회사 제품을 홍보해 주고 대형 유통사에 입점하게 지원해줄 예정입니다. 우리 제품을 설명해 드리면 첨단 과학을 활용해 제작한 것으로 전문용어로 말하면…"

이 말을 듣는 순간 아찔했다. 내가 묻지도 않은 말을 과시하듯 연달아 쏟아냈으며, 이해하기 힘든 전문용어를 주로 사용했다. 상대의 입장은 전혀 고려하지 않았다. 얼른 그 자리를 피하고 싶은 생각이 들었다. 그는 이십여 년 직장 생활 내내 연구소에서 제품 개발에 몰두해 왔다. 그래서 현장에서 여러 부류의 사람들과 원만하게 대화를 나누는 데 익숙하지 않았다.

이처럼 대화법에 능숙하지 못하면 비즈니스에 지장을 초래한다는 사실을 간과해서는 안 된다. 투자 유치를 받을 때, 협력기업 대표와 상담할 때, 고객에게 자사 제품을 구입하도록 설득할 때, 가맹점 모집 시 설명회를 할 때 등 화법은 언제나 중요하다. 창업자가 어설프게 대화를 하면 사업이 어떻게 될지는 더 설명하지 않아도 알 것이다.

고객의 입장에서도 마찬가지이다. 비슷한 맛과 품질의 치킨점 A와 B가 있다고 하자. A가게의 사장은 항상 무뚝뚝하게 말하고 손님의 말을 잘 경청하지 않는다. 반면 B가게의 사장은 항상 활기차게 말하고 손님의 말을 잘 경청한다. 그러면 고객은 어디를 더 자주 찾게 될까? 경기도 안산에서 스몰비어 'A'를 개점한 최진호(가명) 사장은 뛰어난 화술로 고객을 사로잡아 현재 월 매출 5000만 원에 순수익 1500만 원을 거두고 있다. 그가 창업했을 때 인근에는 비슷한 아이템의 호프집들이 우후죽순으로 생겨 경쟁이 매우 치열했다. 몇 년 사이에 다른 가게들은 스몰비어 유행의 종말과 함께 문을 닫았지만 A는 여전히 성업 중이다.

최 사장은 보험설계사 일부터 다양한 업종의 영업맨으로 사회생활을 했다. 많은 사람을 상대하다 보니 상대에게 호감을 얻는 화술을 익혔고, 그 결과 영업 실적 전국 꼴찌 지역을 2년 만에 최우수 지역으로 성장시킬 수 있었다. 타 기업으로 스카우트된 그는 그 분야에서도 최우수 실적을 냈다. 이때 갈고 닦은 대화법은 현재의 호프집 매상을 올리는 데 크게 기여했다.

"가게를 찾는 사람들은 저를 장사하는 사람으로 여기지 않아요. 저희 고객은 주로 대학생과 젊은 직장인입니다. 대학생은 제게 형이라고 하고, 사회 초년생들은 저를 선배님이라고 합니다. 왜 그런지 아세요? 내가 과거 영업을 할 때 익혔던 대화법을 잘 활용하기 때문이죠. 내 대화법은 간단합니다. 고객을 구체적으로 칭찬하는 것과 내 이야기를 적게 하고 고객의 이야기를 더 많이 듣는 겁니다. 이것만 잘해도 고객들과 정이 묻어나는 대화를 나눌 수 있어요."

최 사장을 몇 차례 만난 적이 있는데 정말 영업 대화가 수준급이라는 걸 체험했다. 그는 나를 만날 때마다 칭찬 멘트를 날렸다. 가령, '창사영'

카페에 배너 광고가 몇 개 늘어나면 어떻게 알았는지 이렇게 말한다.

"요즘 창사영에 배너 광고가 늘었더라고요? 비즈니스 하는 사람들이 창사영의 홍보 효과를 인정하는 거겠죠."

자기 일하기에도 바쁜 사람이 남의 비즈니스에 관심을 가져주고 칭찬해주니 기분이 안 좋을 리가 없다.

또 내가 새로 산 시계를 차고 나타나면 그걸 절대 놓치지 않는다. "멋진 시계네요. 어디 제품입니까? 대표님 패션 안목이 대단합니다."

이런 칭찬 멘트 역시 들으면 배시시 웃음을 짓게 만든다. 이렇듯 그는 형식적으로 칭찬하지 않고 늘 상대에게 관심을 갖고서 구체적인 물건과 일을 콕 집어 칭찬한다. 이게 바로 진정한 칭찬이기에 그 효과는 매우 높다.

이와 함께 상대의 말을 잘 경청하는 태도도 빼놓을 수 없다. '말 잘하는 기술' 하면 자기 말을 세련되게 죽 늘어놓는 걸로 오해하는 경우가 많지만, 대화법의 고수는 절대 그러지 않는다. 나는 다른 사람을 제치고 가장 먼저 그와 대화하고 싶은데, 그 이유는 그가 상대의 말을 잘 들어주기 때문이다. 이런 식으로 대화하기에 그는 고객의 호감을 얻는 데 성공했다. 이는 그의 가게가 잘되는 이유이기도 하다.

창업 희망자들이 참고할 만한 영업 대화법의 종류는 많다. 시중에 유명한 영업 달인의 세일즈 대화법 책 몇 권을 사서 보는 것도 좋고, 스피치 컨설턴트에게 교육을 받는 것도 좋다. 이보다 좋은 건 창업 전에 다양한 업종에서 영업을 해보면서 고객과 직접 대면하는 것이다. 이 과정에서 세일즈 목적을 달성하기 위해 어떻게 대화해야 하는지 고민하면서 자신의 대화법을 수정해 나가는 게 좋다. 이렇게 하다 보면 고객이 주저하지 않고 지갑을 열게 만드는 영업 대화법을 익힐 수 있다.

뜻이 있는 곳에 길이 있다고 했다. '나는 말을 잘 못해'라고 스스로 단정 짓지 말고 지금보다 대화를 더 잘하기 위해 어떻게 해야 할지 고민하고 실천하기 바란다. 성공을 위해 필요한 스킬은 반드시 익혀야 하니 말이다.

대한민국 장사 천재들

3부
절대 망하지 않는
안정적인 고수익
아이템 찾기

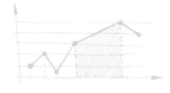

14

가성비 높은 메뉴 개발을
멈추지 말라

"지금은 우삼겹을 모르는 사람이 없을 정도지만 1년 반이라는 기다림이 있었다. 갈빗살을 주문하는 고객에게 맛보기로 제공해도 추가 주문은 갈빗살이었다. 그러나 기다렸고 결과는 지금과 같다."

최초로 우삼겹을 개발한 백종원의 말이다. 현재 우삽겹 전문 '본가' 매장은 국내 120여 개, 해외 20여 개가 있다. 이렇게 선풍적인 인기를 끄는 우삼겹 아이템도 처음부터 고객의 입맛을 사로잡지는 못했다. 독창적인 메뉴를 개발한 후 소신을 갖고 기다린 끝에 대박이 찾아온 것이다.

현재 그는 '본가'를 비롯해 수많은 외식 브랜드를 성공적으로 이끌고 있다. 이런 성공을 거둘 수 있었던 데에는 탁월한 아이템 개발 능력이 한몫을 차지했다. 원래 그는 외식업을 하기 전에 목조 주택 사업으로 크게 성공한 기업가였다. 1990년대 중반 우리나라 국민의 소득이 높아지면서 전원 목조 주택이 각광받을 것으로 간파해 목조 주택 시장의 선두 주자로 인정받았다. 그러나 외환위기로 19억여 원의 빚을 지고 사업을 접어야 했다.

그는 마지막이라는 심정으로 쌈밥집 운영에 매진했다. 이 쌈밥집도 그가 개발한 아이템으로 손님들이 많았다. 이 가게는 목조 주택 회사의 수입이 좋지 않을 때 직원들 월급을 주려고 차린 것이지만, 엎친 데 덮친 격으로 여기서도 적자가 생기기 시작했다.

그런 그가 획기적인 메뉴 개발로 외식업에서 재기의 발판을 마련했다. 그가 개발한 것은 대패삼겹살이다. 고기 써는 기계를 구입하려다 잘못해서 햄 슬라이스 기계를 구입했다. 하는 수 없이 햄 기계로 고기를 얇게 썰어서 팔게 되었다. 고기 모양이 대패질한 나무처럼 말려서 나왔다. 그는 특이하다고 판단하고 '대패 스토리'를 얹어 고객들에게 메뉴를 소개했는데 초대박이 났다. 나중에 이 메뉴는 특허를 냈다.

이처럼 지금의 백종원을 만든 원동력은 늘 새로운 아이템, 곧 메뉴 개발을 멈추지 않은 데 있다. 일단 개발한 아이템은 인내심을 갖고 기다렸다. 이렇게 해서 한식 자격증이 없는 그가 우리나라 한식 프랜차이즈의 정상에 오르게 되었다. 사실 그가 내놓은 색다른 메뉴는 하늘에서 뚝 떨어진 것처럼 기존에 전혀 없었던 게 아니다. 기존에 있던 싸고 맛있는 메뉴를 새롭게 재조합해서 내놓았다. 그의 메뉴 개발 원칙은 이렇다.

"결국 손님들이 원하는 것은 가격 대비 만족이기 때문에 이를 위해 메뉴를 단순화 및 특화해야 합니다."

'미래원에프앤씨' 방승제(52세) 대표는 2007년에 자본금 3천만 원으로 외식업을 창업해 현재 연 15억 매출에 순수익 2억여 원을 벌어들이고 있다. 그의 창업이 성공할 수 있었던 것은 백종원처럼 가성비 높은 아이템 곧 메뉴를 계속 개발했기 때문이다.

처음에는 마니아층이 형성된 닭발 아이템으로 창업했다. 닭발은 특유의 강한 중독성이 있는 매운맛과 다이어트와 피부 미용에 좋은 콜라겐 때문에 꾸준히 고객의 입맛을 사로잡고 있었다. 그가 내건 브랜드는 '본초 불닭발'이다. 24시간 숙성시킨 후 화산석으로 구워 더 맛있고 매운 맛이 나는 이 메뉴는 많은 고객에게 어필하는 데 성공하여 2017년 현재까지 골목 상권에서 당당히 자리를 버텨오고 있다.

방승제 대표는 10년 넘는 기간 동안 줄곧 이 메뉴만 고집했을까? 그렇지 않다. 그는 잘 나가는 기존 메뉴에 안주하지 않았다.

"닭발전문점은 기존에 수요층이 마니아에 국한되어 있었지만, 최근에는 메뉴도 다양해지고 조리법이 간편해지면서 수요층이 넓어지고 있습니다."

그는 무뼈 닭발은 물론 뼈를 잡고 한입에 먹을 수 있는 튤립 닭발, 얼큰한 국물맛이 일품인 국물 닭발, 무뼈 국물닭발 등을 내놓았다. 이렇듯 기존 메뉴에 한정하지 않고 다양한 메뉴를 내놓아 2030 여성뿐만 아니라 중장년 남성 고객을 사로잡고 있다.

그의 메뉴 개발은 여기에서 멈추지 않았다. 호프집, 햄버거집, 피자집, 치킨점 등처럼 과포화된 아이템과 다른 독특한 아이템을 개발했다.

유행을 타지 않고 수요가 꾸준히 있으면서도 웰빙에 맞는 아이템으로 해산물을 선정했다. 이렇게 해서 '오징어와 친구들' 브랜드를 런칭했다. 현재 고객에게 선보이는 메뉴로는 저지방 고단백의 산 오징어 회, 야채와 함께 얼음에 띄운 산 오징어 물회, 전복 물회, 오징어순대, 쭈꾸미 무쇠한판, 새우튀김, 매운탕 등이 있다.

'오징어와 친구들'은 현재까지 점포가 50개가 될 정도로 꾸준히 고객의 입맛을 사로잡고 있다. 이 메뉴의 성공 요인은 가성비에 있다. 요즘 고객은 너무 비싸도 싫어하지만 싸다고 해도 맛이 없으면 찾지 않는다. 그래서 신선하고 맛있는 주력 메뉴인 산 오징어 회의 가격이 1만5천 원에서 2만5천 원이다. 두세 명이 술 한 잔 하면서 안주로 먹기에 부담이 없는데 1인당 객단가가 1만5천 원을 넘지 않는다.

외식 아이템을 선정할 때는 현재 유행 업종에 구애받지 않는 것이 중요하다. 대부분의 외식업은 도입기, 성장기, 성숙기, 쇠퇴기라는 사이클이 형성된다. 현재 유행하거나 유망해 보이는 업종은 이미 성숙기 단계에 있는 업종이 대부분일 가능성이 매우 높다. 따라서 현재 뜨는 아이템은 피하는 게 좋다.

이런 점 때문에 방승제 대표의 행보가 주목된다. 그는 현재 유행하는 아이템에 전혀 눈길을 주지 않았다. 소신을 갖고 가성비 높은 새로운 메뉴를 계속 개발해 왔다.

우리나라는 세계 어느 나라보다 트렌드가 빠르다. 외식 메뉴도 예외가 아니다. 한창 싸고 맛있다고 소문이 나던 메뉴도 어느새 고객에게 외면받기 일쑤다. 늘 새로움을 찾는 까다로운 고객의 입맛을 맞추려면 어떻게 해야 할까? 답은 이미 나왔다. 자나 깨나 싸면서도 새로운 메뉴 개발을 게을리 해서는 안 된다.

15

핵심 무기로
친환경 제품을
차별화하라

"고객은 깨끗한 환경을 누릴 권리가 있습니다. 사업주 또한 깨끗하고 쾌적한 환경을 제공할 의무가 있어요. 그런데 이때까지 인체에 해로운 화학성분이 들어 있는 방향제를 무분별하게 사용해 왔습니다. 바로 이 문제점을 파고들어 창업하게 되었습니다."

'크린카페(clean cafe)' 한형락(48세) 대표의 말이다. 2010년 그가 친환경 악취제거기 '상크미'를 개발해 창업한 배경을 알 수 있다. 평범한 직장인이었던 그는 평소 자기만의 사업에 대한 꿈이 컸다. 오랫동안 직장생활을 하면서 누구보다 깨끗하고 쾌적한 공간의 중요성을 절감하던 그는 결국 이 분야의 창업 아이템으로 친환경 탈취제를 정했다.

그의 아이템 선택은 친환경 제품에 대한 수요와 가습기 살균제 파동과 맞물려 참으로 절묘하게 맞아떨어졌다. 소득이 증가함에 따라 점차 소비자들은 건강에 관심이 많아지고 있다. 비슷한 성능의 제품이면 가급적 친환경 제품을 선택하고, 돈을 더 지불하더라도 일부러 친환경 제품을 사려고 한다. 그래서 친환경 인증마크 제품에 대한 구매가 크게 증가하는 추세이다. 거기에 최근 가습기 살균제 파동으로 화학성분을 함유한 제품에 대한 공포가 커져, 생활화학약품 전체에 대한 거부감으로 번지고 있는 게 현실이다.

한 대표는 오래 전부터 탈취제에 사용되는 화학성분의 문제점을 잘 인식하고 있었다. 화학성분의 인공적인 향으로 잠깐 악취를 숨기는 기존 탈취제가 못마땅했던 그는 직접 친환경 탈취제를 개발하기로 했다. 그가 내놓은 '상크미'는 버섯 배양물과 한방원료를 혼합해 만든 제품으로, 임시방편적인 화학 탈취제와 달리 악취를 도포하여 악취의 근원 자체를 파괴해 자연처럼 상큼한 공기를 지속적으로 유지해 준다. 이와 함께 공기 정화는 물론 흡착과 습기제어 능력까지 갖추었다.

그가 이처럼 우수한 아이템으로 창업에 전념할 수 있었던 데에는 정부의 든든한 지원이 있었다. 창업 자금이 바닥날 즈음, 서울시에서 운영하는 '2030 청년 창업 프로젝트'에 선정되어 창업 공간을 임대받고 무상으로 마케팅과 경영 교육도 받았다. 여기에다 중소기업청의 '예비 기술 창업자 육성사업'에 선정됨으로써 마침내 '상크미'가 탄생할 수 있었다. 여기서 끝이 아니다. 우수한 유망 제품은 전문가의 눈에 안 걸려들 수가 없다. 그의 제품은 중소기업진흥공단의 '히트 500 제품'에 선정되었다. 이렇게 해서 홈페이지와 오프라인 매장을 통해 고객에게 판매되었다. 이처럼 그가 정부 지원을 받고 안정적으로 창업을 할 수 있었던 것은 무엇보다 탁월한 아이템이 있었기 때문이다. 시류를 타지 않고, 독특하며, 시장성 풍부한 아이템을 잘 선택한 것이다. 그는 창업 아이템 선정 방법에 대해 이렇게 말한다.

"탈취제, 방향제 시장에는 이미 나올 것은 다 나와 있어요. 그러니까 차별화가 중요합니다. 이때 쉽게 만족하지 않는 자세가 있어야 합니다. 우리나라는 물론 전 세계 시장에 내놓아도 통할 수 있는 제품을 만들어야 하지요. 아무리 돈이 많다고 엄청난 마케팅을 해서 제품의 가치 이상을 포장하고 또 헐값에 팔아도 얼마 못 갑니다. 고객을 지속적으로 끌어당기려면 딱 한 가지 방법뿐입니다. 그 어느 제품에서도 볼 수 없었던 탁월한 제품 성능을 핵심 무기로 삼아 차별화하는 것 말입니다. 그래야 특유의 맛을 핵심 무기로 차별화한 코카콜라처럼 130년 장수할 수 있어요."

이처럼 핵심무기를 장착한 차별화된 제품을 만들기 위해 그는 창업 희망자에게 다음 3가지 질문을 던지라고 주문한다.

누구를 위한 제품인가? 서로에게 좋은 제품인가? 이 제품으로 피해를 입는 사람이 생기지 않는가?

현재 그가 운영하는 크린카페는 그동안 많은 투자를 해왔다. 현재 매출액 3억 원에 순수익은 1천만 원 가량이다. 조만간 비약적으로 수익이 증가할 것으로 보인다.

펀비즈의 최영(41세) 대표 역시 친환경 생활 제품으로 창업했다. 2006

년 그녀가 창업 아이템으로 선택한 것은 천기저귀이다. 이 아이템은 쉽게 얻어진 게 아니었다. 원래 다년간 중소기업 해외 영업 팀장으로 근무해온 경력으로 신중하게 접근했다. 창업을 결심한 후 1년여 동안 아이템을 찾는 데 공을 들였다. 그러다가 구글 검색 중에 유럽의 친환경 천기저귀가 눈에 들어왔다. 그것을 보는 순간 무릎을 탁 쳤다.

'바로 이거야.'

기저귀를 갈 때 발진으로 빨개진 엉덩이 때문에 아파하던 조카의 얼굴이 떠올랐다. 그 천기저귀로 비즈니스를 할 수 있을 듯했다. 며칠 뒤 주문해서 보니, 우리나라 영아들에게는 커서 상품성이 떨어졌다. 그래서 직접 1회용 팬티 천기저귀를 만들어 팔기로 했다.

이렇게 해서 친환경 천기저귀 아이템으로 창업해 베이비앙을 내놓아 신세대 엄마들로부터 선풍적인 인기를 얻었다. 이 제품은 화학약품이 전혀 없다는 의미로 '무형광 국민 천기저귀'라는 별칭을 얻었다. 현재 베이비앙의 매출액은 30억 원을 돌파했으며, 중국, 대만, 싱가포르, 홍콩, 일본 등에 진출해 있다.

그녀는 창업 희망자들에게 차선책으로 창업을 선택하지 말라고 한다. 단순히 취업이 안 되서 혹은 할 일이 없어서, 지금 직장이 마음에 안 들어서 창업해서는 절대 성공할 수 없다. 자기 자신에게 '나 스스로의 힘으로 돈을 벌어서 누군가에게 월급을 줄 수 있는 능력이 되는가?'라고 물어서, 자신이 있을 때 창업하라고 한다.

그렇다면 그녀가 창업 이후 꾸준히 직원에게 월급을 줄 수 있었던 비결은 무엇일까? 그렇다. 천기저귀라는 핵심 무기가 있었기 때문이다. 기존 화학성분의 기저귀와 차별화되는 친환경 제품으로 승부를 건 그녀는 수많은 창업자의 대열에서 우뚝 설 수 있었다.

16

발상 전환으로
렌탈 시장을 잡아라

"렌탈은 가성비 높은 재미를 준다. 특히 부모 세대보다 구매 능력이 떨어지는 젊은 비소유자(non owner, 소유자의 반대말로 소유를 거부하는 사람)에게 합리적인 가격의 대여는 소비의 대안이 되기에 충분하다."

《트렌드 코리아 2018》의 저자 김난도의 말이다. KT연구소에 따르면 2018년 렌탈 시장 규모는 25조에 달하며 2020년에는 40조 원을 넘어선다고 전망한다. 실제로 경기 악화와 맞물려 우리 생활 구석구석에 각종 렌탈 제품들이 쏙쏙 들어오고 있다. 정수기가 비롯해 안마의자, 비데, 공기청정기, 커피머신, 가구, 매트리스, 복합기, 고가 의류와 가방, 자동차 등 그 종류도 매우 다양하다. '소유의 경제'가 차츰 '사용의 경제'로 변모해 가는 걸 실감할 수 있다.

우리나라에서 렌탈 사업으로 첫 선을 보인 제품은 웅진코웨이 정수

기다. 정수기 렌탈 사업은 윤석금 회장의 머릿속에서 나왔다. 그가 렌탈 사업을 추진하게 된 동기는 고가의 정수기가 팔리지 않아 재고가 늘어갔기 때문이다. 당시 외환위기가 불어 닥쳤기 때문에 경제적으로 여유가 있는 사람들도 좀처럼 지갑 열기를 꺼려했다. 자칫 도산될 위기에 처했지만 윤 회장은 사업을 포기하지 않았다. 소득 수준이 높아짐에 따라 소비자의 건강에 대한 관심이 높아질 것이고, 그러면 깨끗한 물에 대한 수요가 늘 것이라고 확신했다. 점차 시름이 늘어가던 어느 날 아이디어가 떠올랐다.

'비싸서 구입하지 못한다면 빌려주면 되잖아!'

그래서 가격을 2만7천 원으로 정하고, 제작비를 그에 맞췄다. 이후 렌탈 정수기를 내놓자 소비자의 반응이 뜨거웠다. 고비용 지출에 대한 걱정을 줄이면서도 몸에 좋은 정수를 마실 수 있었기 때문이다. 그 결과 세계 최초의 가전제품 렌탈 비즈니스는 대성공을 거두었다.

그는《긍정이 걸작을 만든다》에서 말했다.

"만약 제품을 '팔아야 한다'라는 기존의 사고에만 머물러 렌탈 제도에 눈을 돌리지 않았다면 지금쯤 웅진코웨이의 매출은 2천억 원 정도에 그쳤을 것이다. 그러나 렌탈이라는 아이디어 덕분에 2008년 매출이 무려 1조3천억 원에 달했다. 여기에는 남들과 다른 생각의 실천이 큰 힘이 되었다. 창조적 발상을 통해 놀랄 만한 성장을 이룬 것이다."

또 렌탈 사업하면 떠오르는 회사가 안마의자를 렌탈하는 바디프랜드이다. 이 회사의 박성현 대표가 렌탈 안마의자 상품을 출시할 때만 해도 성공 가능성을 높게 본 사람은 많지 않았다. 하지만 박 대표는 헬스케어 제품도 얼마든지 렌탈로 승산이 있다고 발상을 전환했고, 그 결과 대박을 터트렸다.

렌탈 시장에서 큰 규모를 차지하고 있는 상품은 자동차이다. 장기 렌터카 시장은 매년 15% 이상 성장하고 있다. 2017년 6월 기준으로 렌터카 등록 대수는 67만 8065대로 집계되었다. 쉽게 말해 신차 판매 10대 중 1대가 장기 렌터카라는 사실이다. 실제로 도로 위를 달리다 보면 하, 허, 호 등의 번호판을 부착한 차를 쉽게 볼 수 있는데 모두 장기 렌터카이다.

소비자의 입장에서 렌터카의 어떤 점이 매력적일까? 먼저, 비용 절감을 들 수 있다. 취득세, 자동차세, 보험료가 만만치 않은데 차를 빌리면 월 렌트료만 지불하면 된다. 차량 관리비 지출이 없다는 점도 매력적이다. 월 렌트료에 이 비용이 모두 포함되어 있다.

따라서 창업 희망자들에게 렌터카 비즈니스는 매력적으로 다가오는 게 사실이다. 하지만 이미 렌터카 시장도 과포화 상태이므로 섣불리 뛰어들었다가는 낭패를 당하기 십상이다.

그런데 발상의 전환으로 렌터카 틈새시장을 공략한 이가 있다. '큰터'의 성태기(48세) 대표이다. 이 회사는 10여 개의 다양한 아이템으로 사업을 하는데 연 매출 8억에 연 순이익이 1억 원이다. 무엇보다 이 회사의 효자 역할을 하는 아이템이 렌터카이다. 그는 이 아이템으로 사업을 하기 위해 트렌드 분석, 시장 분석, 마케팅 등 여러 모로 시간을 갖고 만반의 준비를 했다. 이 과정에서 발상을 전환하여 신개념 상품을 내놓기로 했다.

"이미 유명 회사들이 렌터카 소비자를 다 끌어가고 있었습니다. 정공법으로 그들과 대결했다가는 백전백패였죠. 그래서 그들과 다른 상품 모델을 생각해냈습니다. 그게 '전세 렌터카'입니다. 아파트를 전월세와 전세로 거래하는 것처럼 차도 전월세, 전세 개념을 도입한 것이죠. 고객은 계약 기간 동안 일정 보증금을 걸고 월 렌트료 없이 차를 공짜로 타다가 계약 기간이 끝나면 보증금을 그대로 돌려받을 수 있지요."

얼마 후, 그는 전세 렌터카를 시장에 내놓고 동시에 홍보를 진행했다. 소비자들은 이 홍보 문구에 열광했다.

> 2018년식 BMW 520D를 '보증금' 6,500만 원(자차보험, 정비포함, km 무제한)에 월 렌트료 없이 무료로 타시고 계약 만료 시 '보증금 6,500만 원' 전액을 돌려드립니다.

다들 "이런 게 정말 있어?"라는 반응을 보이면서 상담전화를 해왔다. 얼마 가지 않아 전세렌터카 아이템이 대박을 터트렸다. 직원 중 한 분은 3개월 만에 7억 이상의 매출을 올려서 수당 5천만 원 이상을 벌기도 했다.

지금처럼 렌탈 시장이 크게 형성되지 않았을 때만 해도 렌탈 비즈니스를 생각해 내기란 쉬운 일이 아니었다. 하지만 웅진의 윤석금 회장, 바디프랜드의 박성현 대표는 발상의 전환으로 획기적인 렌탈 비즈니스를 창출해냈다. 지금 렌탈 시장에 뛰어드는 창업자들도 이들과 같은 발상의 전환이 필요하다. 뻔한 사고방식, 남들도 다 쉽게 생각할 수 있는 방법은 렌탈 시장에서 절대 통하지 않는다. 발상의 전환이 있어야만 이 시장을 뚫을 수 있다.

《더 체인지》의 김재윤 삼성경제연구소 기술산업 실장은 말한다.

"미래의 변화를 주목하는 것만으로 신사업을 만들기란 쉽지 않다. 유망사업이라는 것은 결국 발상의 전환이 만들어내기 때문이다. 많은 사람들이 비슷한 생각을 하지만 이를 비즈니스로 만드는 것은 발상의 차이다."

발상의 전환으로 렌탈 시장을 노린다면 전에 없던 상품을 개발해야 한다. 이미 노출된 시장의 진입보다는 전에 없던 새로운 시장을 창출하는 게 좋다. 지금 우리의 사고방식으로 도저히 렌탈이 가능해보이지 않은 새로운 렌탈 상품을 연구 개발해야만 시장을 온전히 독차지할 수 있다.

17

반려동물 시장의
블루오션을 개척하라

"전 세계 반려조 시장이 점유율 22%에 육박하고 있지만 대한민국은 이제 시작 단계에 있습니다. 특히 앵무새에 대한 전반적인 센터나 회사는 존재하지 않습니다."

토탈펫 버드라이프의 서기훈 대표가. 반려조 앵무새로 사업을 시작하게 된 동기를 밝히는 말이다. 반려동물 시장은 엄청나다. 우리나라의 경우 이미 시장 규모가 조 단위인데 2020년까지 6조 원으로 늘어날 전망이다. 그런데 그는 사람들에게 익숙한 강아지, 고양이 반려동물 시장에 뛰어들지 않았다. 이미 그 시장에는 쟁쟁한 기업체들이 들어서 있기 때문이다. 이 시장은 레드오션이었다.

그래서 그는 새로운 시장, 곧 블루오션으로 눈을 돌렸다. 그것이 바로 앵무새이다. 고등학교 때부터 앵무새에 관심이 많던 그는 군 제대

후 2013년에 앵무새 분양 사업을 착수했다. 우리나라의 앵무새는 90% 이상이 수입에 의존하고 있어서 까다로운 수입 절차와 세금 부과, 품종의 불확실성 등의 문제가 있었는데 국내 분양을 통해 이 점을 해결할 수 있었다. 그 결과 현재 전국에 가맹점이 20여 개가 생겨날 정도로 크게 성장했다. 현재 서 대표는 해외진출을 준비하고 있다. 대만에 농장을 두고 중국, 일본, 유럽에 수출하겠다는 꿈을 가지고 있다.

고객의 입장에서는 앵무새의 어떤 점이 끌리는 것일까? 고양이, 강아지의 경우 배변과 털 문제가 있지만 앵무새는 그런 문제가 전혀 발생하지 않는다. 또한 예방접종과 유지관리가 매우 쉽다. 수명도 최소 3년에서 최장 100년까지 내다볼 수 있기에 잘만 관리하면 앵무새 한 마리로 평생을 함께할 수 있다.

또한 앵무새는 강아지, 고양이 이상의 지능 및 언어능력을 가지고 있어 반려동물로서의 교감 능력이 매우 뛰어나 강아지, 고양이 이상의 가족애를 맛볼 수 있다. 끝으로 일부의 우려와 달리 앵무새는 조류독감과 무관한 유전자를 가지고 있어서 AI 감염이 되지 않는다. 이런 점 때문에 앞으로 블루오션인 앵무새 시장은 더 커질 것으로 예상된다.

블루오션은 말 그대로 가능성으로 출렁거리는 파란 바다를 뜻한다. 혁신적인 전략으로 고객을 확보할 수 있는 곳이다. '블루오션 전략'을 주창한 김위찬 교수는 말한다.

"블루오션은 미개척 시장 공간으로 새로운 수요 창출과 고수익 성장을 향한 기회로 정의된다. 블루오션은 기존 산업의 경계선 바깥에서 완전히 새롭게 창출되는 경우도 있으나 대부분은 시르크 뒤 솔레이유(서커스단)처럼 기존 산업을 확장하여 만들어졌다."

블루오션 하면 꼬리표처럼 따라붙는 세계적인 서커스단 시르크 뒤 솔레이유는 이 전략으로 성공을 거둔 대표적인 사례이다. 1980년에만 해도 서커스는 사양 산업으로 분류되었다. 영화, 스포츠, 드라마 등 볼거리가 많아져 사람들은 더 이상 서커스를 찾지 않았고 폐장하는 일만 남은 듯했다. 이때 이 서커스단은 획기적인 전략을 펼치기로 했다.

"기존의 서커스 개념에 사로잡히지 맙시다. 서커스는 이래야 된다는 생각에 갇히면 결국 손톱만한 시장을 놓고 서커스단들끼리 피 흘리면서 경쟁하는 수밖에 없습니다. 그래서는 먹고살 수 없어요. 전혀 다른 새로운 개념의 서커스를 재창조해야 합니다. 그 길만이 고객을 끌어들일 수 있는 유일한 방안입니다."

이렇게 해서 대대적으로 서커스단을 뜯어고쳤다. 서커스를 찾지 않는 고객이 좋아하는 뮤지컬, 클래식 콘서트, 연극, 패션쇼, 발레, 체조 경기 등을 도입했다. 서커스의 스릴과 재미를 유지하면서도 공연과 체조의 예술성을 살렸다. 비용이 많이 드는 스타 광대와 동물 쇼 등은 대폭 줄였다. 그러자 서커스에 흥미가 없는 성인들도 새로운 개념의 서커스를 보기 위해 찾아왔다. 2005년 기준 이 서커스단은 연 매출 5500억의 신화를 달성했다.

우리나라에도 블루오션 시장에서 새 시장을 개척한 사례가 많다. 대표적으로 세 기업의 예를 들어보자. 먼저 세탁 전문점 크린토피아이다.

맞벌이 부부와 미혼 직장인 등을 대상으로 세탁 전문점의 수요가 늘고 있는데 크린토피아는 세탁만 하는 기존 개념에 머물지 않고, 배달을 해주는 개념을 결합시켰다. 시간에 쫓기는 고객들은 집에서 편하게 세탁된 옷을 받을 수 있어 호응이 매우 높았다.

다음으로 굽네치킨이다. 이 치킨이 나올 때만 해도 치킨 하면 모두 기름에 튀기는 게 일반적이었다. 치킨 시장은 곧 기름에 튀기는 치킨의 시장이라고 볼 수 있었고 이미 과포화 상태였다. 이 점을 간파한 굽네치킨은 기름에 튀기지 않고 구운 치킨을 내놓았다. 구웠기 때문에 건강에 좋다는 인식이 퍼지면서 새로운 고객을 확보할 수 있었다.

마지막으로 풀잎채이다. 시장에서는 샐러드 전문의 샐러드바와 한식을 다루는 한식집이 이분화되어 있었다. 풀잎채는 샐러드와 한식을 한 식당에서 맛볼 수 있는 개념을 생각해냈다. 여기에 합리적 가격을 제시하자 중년 여성 중심으로 폭발적인 인기를 끌었다.

일부에서는 펫 시장 자체를 블루오션으로 여기기도 하지만 엄격히 보면 잘못된 시각이다. 펫 시장을 주도하는 강아지, 고양이의 펫 산업은 이미 과포화 상태인 레드오션이기 때문이다. 따라서 전혀 다른 새로운 전략으로 이 시장에 접근하는 것이 무엇보다 중요하다. 그래야 블루오션을 창출할 수 있다.

18

맛있고 싼 서민 메뉴가
오래 간다

"외식 창업의 길은 널려 있습니다. 소자본만 있어도 누구나 쉽게 가게를 열 수 있으니까요. 하지만 성공하기는 무척 어렵습니다. 반짝하는 아이템으로 가게를 열었다가는 망하기 십상입니다. 성공하려면 우선 자신의 취향에 맞고, 자신이 즐거워할 수 있는 서민적인 아이템으로 하는 게 좋습니다. 여기에 맛과 저렴한 가격이 갖추어진다면 성공 확률이 더 높아집니다."

'유가네 한우곰탕' 유성옥(47세) 대표의 말이다. 2010년 경기도 시흥시에서 창업해 현재 연 매출액 18억, 순수익 1억5천만 원을 거두고 있다. 유 대표는 시기마다 전국 식당가를 요동치게 하는 핫한 아이템에는 전혀 관심이 없었다. 오직 자신에게 맞고, 자신이 요리하면서 즐거워할 수 있는 서민 음식을 맛과 싼 가격으로 승부해 성공을 거두었다.

일부 식당 창업을 하는 사람들은 투기처럼 맹목적인 경우가 허다하다. 주력 아이템인 메뉴가 자신의 취향에 맞는지, 그것을 업으로 하면 즐거움을 느낄 수 있는지 또 주머니 가벼운 고객 입장에서 가격이 적절한지는 전혀 고려하지 않는다. 대신 단숨에 거금을 벌어들일 생각만 한다. 이렇다 보니 메뉴는 식상하고 가격은 높아 이에 부담을 느낀 고객이 등을 돌리면 몇 달 견디지 못하고 나가떨어지고 만다.

이와 달리 오래도록 골목 상권을 지키는 사람들이 있다. 이들의 특징은 한때 유행했던 메뉴가 아니라 시대가 바뀌어도 꾸준히 사랑받는 싸고 맛있는 서민 음식을 메뉴로 선정한다는 점이다. 곰탕, 설렁탕, 감자탕, 김치찌개, 육개장 같은 서민 음식은 대한민국 사람 누구나 군침을 흘리게 만든다. 유가네 한우곰탕의 유 대표가 성공할 수 있었던 것은 이처럼 서민 메뉴를 선택했기 때문이다.

홀어머니 밑에서 자란 유 대표는 고등학교를 졸업하자마자 식당일을 했다. 이때 주방일을 도우면서 요리를 배웠다. 다양한 메뉴를 다뤄봤지만 그가 특별히 관심을 가진 메뉴는 한식이었다. 그의 식성에도 잘 맞았을 뿐만 아니라 한식을 요리할 때 더 보람을 느꼈다. 그래서 가게 문을 닫은 후에도 홀로 주방에 남아 한식 요리법을 개발하기도 했다.

'곰탕은 자주 먹어도 질리지 않아. 한국 사람이라면 다 그럴 거야. 더욱이 난 곰탕 요리할 때는 다른 때보다 더 기분이 좋단 말이야.'

그래서 곰탕 식당을 열기로 결심했다. 그를 보면 '장사의 신' 우노 다카시가 떠오른다. 가게 사장만 200여 명을 길러냈으며 외식업계에서 이름을 모르는 이가 없는 그는 사실 명문 와세다대학 경영학과 학생이었다. 그런 그가 외식업에 들어선 이유는 전공에서 자신의 길을 찾지 못했기 때문이다. 그래서 자기가 원하고 즐길 수 있는 외식에 뛰어들었고, 이자카야를 열어서 큰 성공을 거두었다. 그는 유행을 좇지 않고 스스로 즐길 수 있는 아이템을 선택했다는 점을 성공 요소로 들면서 이렇게 말했다.

"가게를 만들 때는 '어떤 가게를 해야 잘될까?'만 궁리하지 말고, '어떤 가게를 해야 내가 진심으로 즐거울 수 있을까'를 생각하라고. 그것이 오랫동안 장사를 해나갈 수 있는 기본이라고 생각해."

우노 다카시가 명문대 배지를 던져버리고 외식업에 뛰어들 때와 이자카야를 열여 성공을 거둘 때를 관통하는 것은 자신에게 맞고 즐길 수 있는 일을 했다는 점이다. 이 점은 유성옥 대표도 비슷하다. 그 역시 자신의 취향에 맞고 즐거워하는 메뉴 곰탕을 선택해서 성공을 거두었기 때문이다.

물론 즐길 수 있는 아이템을 선택했다고 하여 모두 다 잘되는 것은 아니다. 가능하면 시류를 타지 않는 서민 메뉴가 좋다는 건 이미 말했고, 결코 빠질 수 없는 것은 맛과 착한 가격이다. 이 두 가지 요소가 골목을 지키는 무수한 서민 음식 가게들 가운데 손님들로 북적이는 가게와 한산한 가게를 구분 짓는다.

사실 최상의 맛을 유지하려면 가격이 높아지고, 반대로 가격을 낮추면 맛이 떨어지는 부작용이 있다. 하지만 유가네 한우곰탕은 숱한 레시피 개발 끝에 이 문제를 해결했다. 손님에게 내놓는 한우로 국물을 낸 곰탕 가격이 단돈 6,000원에 불과하다. 한우를 기반으로 뉴질랜드산과 호주산, 미국산 쇠고기를 적당한 비율로 배합했고 그가 개발한 특급 소스를 가미했기 때문이다. 이렇게 해서 한우로만 된 곰탕이라고 여겨질 정도로 진한 맛과 향을 자랑하게 되었다. 그 결과 골목 상권에서 경쟁이 치열한 서민 메뉴의 맛과 가격 두 마리 토끼를 잡을 수 있었다.

"모두 국내산을 썼으면 좋겠지만 그러면 가격을 저렴하게 맞추기 힘들다. 양질의 수입산을 활용하는 것으로 타협했지만, 맛은 절대 타협하지 않았다고 자신한다."

창업 희망자에게 서민 음식 식당의 장점은 많다. 소자본으로 작은 평수의 가게로 영업할 수 있고, 서민 음식 자체가 장기 불황기에도 남녀노소 꾸준히 찾는 메뉴이기 때문이다. 여기다가 점심, 저녁, 술손님, 포장주문 4박자로 영업이 가능하다는 장점까지 다양하다. 그렇다고 아무나 뛰어들어서는 곤란하다. 서민 메뉴를 즐기는 분 그리고 착한 가격과 맛에 자신이 있는 분이라면 환영할 만하다.

한 우물을 파면
레드오션 치킨에도 통한다

19

"치킨점이나 해볼까 하는데요."

창업 희망자들에게 종종 듣는 말이다. 창사영 회원들을 대상으로 한 유망 아이템 설명회에서도 별 반응을 보이지 않고 오로지 치킨점을 고집한다. 이들이 하는 말투의 특징은 "치킨 점이나…"이다. "~이나"는 무언가를 곁다리로 우습게 볼 때 사용하는 말이다. 치킨점을 만만하게 보는 거다. 골목 어디나 한두 개씩 자리 잡고 있다 보니, 목 좋은 곳만 잡으면 승산이 있다고 쉽게 생각한다.

이들은 치킨점을 너무 쉽게 본다. 시중에 나와 있는 치킨 맛 못지않게 맛있는 치킨을 만들 수 있다는 터무니없는 자신감도 보인다. 정말 순진하다 못해 어리석은 일이 아닐 수 없다. 외식업에 오래 종사한 사람도 감히 기존 치킨의 맛과 차별화된 치킨을 만들 수 있다고 생각하지 못하는데 말이다.

'그래도 난 달라' 생각한다면 비참한 현실을 직시하라고 권하고 싶다. 2016년 기준 치킨점 3980개가 문을 열었고 무려 2973개가 문을 닫았다. 하루에 11곳의 치킨점이 문을 열고, 이 가운데 8곳이 문을 닫는다는 말이다. 이런데도 난 예외라고 자신할 수 있을까?

치킨점은 결코 만만하지 않다. 그런데도 블루오션인 치킨점 창업을 바란다면 특별한 대책이 필요하다. 이에 대해서는 '아브라카다브라' 치킨점의 이진호(44세) 대표가 참고할 만한 좋은 사례이다. 2014년 충남 천안에서 문을 연 '아브라카다브라'는 현재 마산, 구로, 중국 심천, 대만 에버리치 면세점으로 사세를 확장하고 있다. 특히 눈여겨 볼 대목은 이 가게가 문을 열었을 때가 2014년 세월호 사건이 발생해, 자영업자들이 가계 외식 지출이 급감했다며 다들 죽겠다고 곡소리를 내던 시기이다. 더욱이 종잣돈이 겨우 수천만 원밖에 없던 터라 장사가 안 되는 C급 상권에서 시작했다.

주위 사람들은 다들 몇 개월 안에 망한다고 수군거렸지만 보란 듯이 살아남았다. 하지만 위기는 연거푸 찾아왔다. 2015년 메르스, 2016년의 AI가 그것이다. 주변 가게들은 더 이상 견디지 못하고 문을 닫기 시작했지만 아브라카다브라는 매상을 크게 올리면서 가맹점을 늘려갔다. 이 대표는 특히 외국 진출에 자신감을 보이고 있다.

"아브라카다브라는 대만 금문도 에버리치면세점 입점을 시작으로 향후 몇 년 내에 해외 국제공항(홍콩, 쿠알라룸푸르, 돈주앙) 등 10곳에 반드시 입점하겠습니다."

이는 결코 허풍이 아니다. 그는 처음부터 세계시장을 염두에 두고 치킨점을 시작했다. 그가 다른 곳을 놔두고 천안에서 1호점을 연 이유는 다양한 외국인이 많이 산다는 점 때문이었다. 천안에는 14개 대학이 있는데 약 2천여 명의 유학생들이 살고 있다. 그래서 이곳 외국인들에게 먼저 인정받는 치킨을 만드는 전략을 세웠다.

그의 전략은 멋지게 맞아떨어졌다. 그가 만든 국산 치킨이 전 세계 곳곳에서 온 외국인에게 호평을 받은 것이다. 이렇게 해서 맛의 글로벌 인증을 받았기에 세계 진출에 대한 확신을 가질 수 있었다.

아브라카다브라가 이처럼 레드오션 시장에서 승승장구할 수 있는 이유가 무엇일까? 가장 큰 이유는 한 우물을 팠다는 점이다. 그는 아브라카다브라를 열기 전에 십여 년 동안 'K치킨'에 근무한 경력을 가지고 있었다. 이 때문에 그는 새로운 치킨점 기획에 대한 노하우를 갖출 수 있었다. 맛과 마케팅, 경영 등에 대한 경험과 전략이 풍부했던 것이다.

이런 그가 가게를 열 때 가장 큰 주안점을 둔 것은 맛이었다. 한국 시장은 이미 유명 브랜드가 독식하고 있었기에 맛 하나로 그들과 경쟁하기에는 역부족이라는 사실을 자각했다.

"한국 시장만 볼 게 아니지. 우리나라 사람은 물론 외국인들의 입맛과 통하는 치킨을 만든다면 세계 시장으로 나갈 수 있어."

그 결과 지금의 '달짝지근하고 짭조름하면서 환상적인 감칠맛'을 자랑하는 치킨이 탄생했다. 신선한 과일 엑기스로 정육을 숙성하고, 직접 개발한 간장 소스를 사용함과 동시에 몸에 좋은 야채인 마늘, 대파, 양파, 고추 등을 가미했다. 바로 이 치킨에 우리나라 사람은 물론 외국인들이 환호했다.

아브라카다브라 치킨과 같은 맛은 결코 하루아침에 만들어질 수 없다. 그가 이 맛을 탄생시킬 수 있었던 이유는 10년 넘게 치킨이라는 한 우물을 파왔기 때문이다. 만약 그가 치킨점이 아닌 다른 업종이나 다른 메뉴의 외식업에 있었다 하더라도 지금의 맛을 연출할 수 있었을까? 부족할 수밖에 없다. 아브라카다브라 치킨이 하루에 문을 여는 11곳 중 사라지는 8곳이 아닌 살아남은 3곳 중 하나가 될 수 있었던 건 이진호 대표가 꾸준히 한 우물을 팠기 때문이다.

수제화 전문 지쎄(GISSE)는 특별히 홍보, 마케팅 없이도 아는 사람은 다 아는 브랜드다. 다양한 연령층에서 자기만의 개성을 연출할 수 있는 지쎄의 가죽 수제화가 인기이다. 이 회사가 수많은 유명 브랜드 사이에서 명성을 날릴 수 있었던 이유는 이한춘 대표가 30년간 수제화 한 길을 걸어왔기 때문이다. 그에게도 실패의 경험이 있다. 30년 전 자신의 수제화 기술 하나만 믿고 창업했다가 집한 채 값의 돈을 날렸다. 이 일로 그는 판로에 눈을 떴다.

그러면서 최고 실력자로 하여금 더욱더 연구개발에 박차를 가하도록 독려했다. 세계적인 명품브랜드와 비교해도 손색없는 제품을 만들겠다고 목표의식을 가졌다. 이 과정에서 좋은 재료를 사용하는 것은 기본이고 다채로운 액세서리를 갖추는 것과 함께 제품의 종류를 다양화했다.

이렇게 해서 만들어진 수제화는 고급스러울 뿐만 아니라 착용감이 매우 뛰어나다. 전 연령층을 아우르는 수제화는 가격 또한 합리적이다. 자타공인 최고의 수제화 품질을 유지하기에 입소문만으로 고객이 찾고 있다.

SBS 〈생활의 달인〉에 나오는 소문난 맛집 메뉴를 보면 대부분 흔한 것들이다. 동네에서 쉽게 접할 수 있는 기존의 메뉴들이다. 그 가게의 메뉴가 전국 최고의 맛을 자랑하는 이유는 다른 데 있지 않다. 다들 혼신을 기울여 수십 년간 음식 맛을 갈고 닦았다. 다른 메뉴에 한 눈 팔지 않고 오로지 한 메뉴에 올인한 것이다. 이렇게 해서 전국 곳곳에서 고객이 찾아오는 최고 맛집이 되었다. 꾸준히 한 우물을 파면 고객이 알아보고 찾는다.

20

앱으로 온라인과
오프라인을 연결하라

'그래, 스마트폰은 원래 전화기에서 생겨났잖아. 그렇다면 본래 기능에 충실한 아이템으로 앱을 만들면 되겠어.'

수제가구 회사를 차렸다가 쫄딱 망한 한 남자가 번뜩이는 아이디어를 생각해냈다. 그는 함께 일하는 식구 중에 막내가 항상 음식을 배달하려고 전화하는 걸 잘 알고 있었다. 음식 배달을 전문으로 하는 앱을 만들면 막내의 수고를 덜어줄 수 있으리라 여겼다. 이렇게 해서 사람들이 많이 주문하는 치킨점, 중국집 전화번호를 수집해 나갔다.

수만 개의 전화번호가 데이터베이스가 되어야 사업으로써의 가능성이 있었다. 그래서 길거리에 나뒹구는 전단지를 모으기도 했고, 전단지 인쇄소에서 전단지 한 장만 **빼달**라고 사정하기도 했다. 6개월여 직접 발로 뛴 결과 5만 개의 음식점 정보를 수집할 수 있었다. 이를 토대로 만들어진 것이 '배달의민족'이다. 한국 최초로 배달 앱을 개발한 김봉진 대표는 말한다.

"집에서든, 회사에서든 음식 주문의 몫은 항상 막내에게 돌아간다. 그들이 혹할 만큼 편리한 서비스를 만들고 싶었다."

현재 배달의 민족은 배달 O2O 시장의 선두 주자이다. 2016년 기준, 힐하우스캐피탈 컨소시엄의 평가에 따르면 배달의민족 기업 가치는 3,500억 원에 이른다. 2017년에는 1000억대 매출을 돌파했다.

김기사 앱을 개발한 박종환 록앤올 대표도 빼놓을 수 없다. 그가 창업한 동기는 앱의 무궁무진한 가능성 때문이었다. 시장에서 통하는 앱을 개발하기만 하면 한국은 물론 전 세계에 판매할 수 있었다. 그가 내비게이션 분야의 경력을 살려 내비게이션 앱을 개발하려 할 때 주위 사람들의 반응은 시큰둥했다.

"거대 이동통신 회사에서 자체 내비게이션 앱을 스마트폰에 탑재한 걸 모르십니까? 그걸 놔두고 사장님이 만든 앱을 열어볼 사람이 몇이나 될까요?"

하지만 그는 자신의 아이템에 자신감이 있었다. 그래서 달랑 직원 3명에 자본금 1억5천만 원으로 앱 개발에 나섰다. 기존 것과 차별화된 앱을 선보이자 한 달 만에 250만 명이 사용했으며 2015년을 기준으로 총 1100만 명의 사용자를 확보할 수 있었다. 2014년, 김기사는 무려 626억 원에 카카오에 인수되었다.

온라인과 오프라인을 결합한 앱 기반 창업의 시작은 그 존재 가치가 미미하지만, 획기적인 아이템으로 시장에 선보일 경우 적은 자본금으로 막대한 수익을 거둘 수 있다. 2018년 기준 구글플레이와 애플 앱스토어를 합한 앱 시장의 전체 규모는 1100억 달러(117조원)에 달한다. 날카로운 기획력이 뒷받침된 앱 창업의 미래는 그만큼 밝다고 할 수 있다.

네오C&S의 이수준(39세) 대표는 무점포 휴대폰 대리점 앱 분양을 아이템으로 창업했다. 2016년 설립된 이 회사는 현재 직원이 14명이며, 연 매출액 26억 원에 순수익 3억 원을 거두고 있다. 짧은 기간 내에 큰 성과를 낼 수 있었던 건 그의 탁월한 아이템 기획력 때문이다.

17세에 자장면 배달을 하면서 사회생활을 시작한 그는 남다른 성실함과 열정으로 사람들에게 인정받았다. 21살에는 모 식품업계 영업부에서 기업체 생활을 시작하면서부터 발군의 실력을 발휘했다. 영업을 했다 하면 전국 1등을 놓치지 않으면서 이 과정에서 많은 것들을 배웠다.

"그동안 해왔던 대면 영업을 통해 저만의 영업 노하우와 고객 니즈에 대한 안목을 높일 수 있었습니다. 이 과정에서 어떤 사업이든 반드시 소비자의 의견을 존중하면서 니즈를 충족시킬 수 있어야 살아남을 수 있다는 걸 배웠습니다. 일단 사업을 하기로 마음 먹었다면 무엇보다 소비자의 니즈를 낚아챌 수 있는 기획력을 갖추어야 한다고 생각했습니다. 이게 없으면 아무리 마케팅과 홍보를 해도 소용이 없고 소비자는 고개를 돌려버리기 때문이죠."

그는 기획력을 발휘해 자기 사업을 하기로 결심했다. 영업 통이던 그의 눈에 전혀 새로운 분야가 들어왔으니, 바로 앱이었다. 배달의민족 앱과 김기사 앱이 어떻게 성공할 수 있었는지를 잘 알고 있었다. 시장의 흐름이 빠르게 앱으로 전환되는 걸 피부로 느꼈다. 더 이상 오프라인에 연연해서 막대한 비용을 들일 이유가 없었다.

그래서 그는 '무점포 휴대폰 대리점 창업'을 도와주는 앱을 기획했다. 미국에서는 8년 전, 일본에서는 6년 전에 이미 오프라인 휴대폰 매장이 사라졌다는 사실을 그는 잘 알고 있었다. 더욱이 경제가 갈수록 어려워지고 있는 이때, 최소한의 자본으로 누구나 쉽게 휴대폰 대리점을 창업할 수 있다면 대 환영일 듯했다.

이렇게 해서 지금의 네오c&s가 탄생했다. 이 회사의 네오 앱은 휴대폰 유통조직 브랜드를 창업자가 원하는 앱(APP) 명을 만들어서 플레이스토어에 등재를 시킴으로써, 누구나 본인만의 브랜드로 휴대폰을 판매할 수 있다. 또한 1인 휴대폰 유통창업을 할 수 있도록 각종 지원을 아끼지 않는다. 일반인은 휴대폰 영업은 가능하지만 개통실 운영이 쉽지 않다. 이 회사에서는 개통실, 운영, 개통 관련 고객 상담, 배송, 유통, 사무실 공동셰어, 솔루션 관리 등을 원스톱으로 해주고 있다. 게다가 앱을 분양받은 사람들이 모두 주인이 될 수 있도록 모든 권한을 넘겨주고 있다. 따라서 수익률은 본인의 기준으로 산정된다.

창업 희망자에게 온라인과 오프라인을 연결하는 플랫폼으로써 앱은 매우 매력적인 아이템이다. 최소한의 자본으로 창업이 가능하며, 잘

될 경우 초대박이 터질 수 있기 때문이다. 그러나 누구에게나 기회가 열려 있는 것은 아니다. 앱 시장에서 살아남기 위해서는 무엇보다 소비자의 니즈를 낚아챌 수 있는 날카로운 기획력이 중요하다.

21 불경기에는 원칙을 갖고 분식점을 하라

창업비용이 적으면서도 유행을 타지 않는 창업 아이템으로 분식점만한 게 없다. 소액으로 어렵지 않게 가게를 열 수 있으며, 별다른 기술없이도 남녀노소, 사시사철 고객의 입맛을 사로잡을 수 있다. 주 메뉴는 김밥, 떡볶이, 어묵, 라면, 제육볶음, 순대볶음, 튀김, 국수 등으로한국인이라면 누구나 즐긴다.

특히 분식점은 불경기에 더욱 진가를 발휘한다. 주머니가 가벼워진고객들은 만 원 대의 메뉴를 다루는 음식점을 찾는 대신 더 자주 분식점을 찾기 마련이다. 동네 어디에서나 몇 걸음만 걸으면 나오는 게 분식점이며, 메뉴 가격도 5000~6000원 대로 저렴한 편이다. 따라서 경기가 나쁠 때 레스토랑, 한정식점 등이 매상이 떨어지는 것과 달리 분식점은 오히려 매상이 오르는 특성이 있다.

요즘 같은 경기 침체 때는 창업 희망자들이 분식점에 도전해볼 만하다. 그런데 분식점에 대해 좋은 이미지를 갖고 있지 못한 탓에 선뜻 창업하지 않는 사람들이 적지 않다. 주로 좋은 직장에서 오래 사회생활을 한 경력 있는 사람들이 이렇게 말한다.

"자본금도 두둑이 있는데 고작 분식점이나 해서야 되겠습니까?"

"어묵, 김밥 파는 분식점도 창업 아이템에 끼나요?"

정말 그럴까? 이는 큰 오해이다. 사실 경기가 불황일 때에는 분식점이 망하지 않고 고수익을 내는 효자 아이템이다.

"신길점이 없었더라면 지금의 얌샘도 없다. 외식업 경험이 없을 때 매장을 오픈해 허둥대던 기억을 잊고 싶지 않다."

'얌샘 김밥' 김은광 대표의 말이다. 2001년 영등포구 신길동에서 36.3㎡(11평)의 가게를 낸 후 오픈 초기부터 줄곧 월 5000만 원에서 7000만 원의 매출을 올리고 있다. 이를 바탕으로 5개의 직영점을 운영하다가 2006년부터 가맹사업을 시작해 현재 130여 개의 점포를 운영하고 있다.

김 대표가 처음 가게를 열었을 때는 1000원짜리 김밥이 선풍적인 인기를 끌고 있었다. 저가의 김밥 장사를 하면 당장 손님을 끌어 모을 수 있겠지만 장기적인 관점에서는 생존력이 희박해 보였다. 언제 소비자들로부터 외면을 받을지 모를 일이었다. 그래서 김 대표는 식당 콘셉트를 프리미엄 캐주얼 분식으로 잡았다. 이렇게 하면 싼 가격에 입맛을 들인 고객이 당장은 찾지 않을지 몰라도 한번 맛을 본 고객은 꾸준히 찾을 거라고 계산한 것이다.

그 다음으로 신경을 쓴 건 입지 선정이다. 객단가가 낮은 분식점인데 고객이 많이 찾지 않으면 수익성이 보장되지 못할 터였다. 따라서 사람들이 많이 찾을 수 있도록 행인이 많은 곳에 가게를 열기로 했다.

"많은 발품을 팔아서 좋은 입지를 찾았습니다. 학교, 시장, 버스 정류장을 가기 위해서 반드시 거쳐 가는 길목을 찾아냈고 그곳에 가게를 냈습니다. 일단 가게를 열자, 지역 주민들에게 노출이 되어 저절로 홍보가 되었죠."

이 분식점은 얼마 안가 하루에 250여 명의 고객이 찾는 맛집이 되었다. 이를 발판으로 지금의 프랜차이즈로 성장할 수 있었다. 현재 얌샘김밥은 새로운 분식 메뉴, 감각적인 매장 인테리어를 내세워 많은 고객들에게 호평을 받고 있다. 김은광 대표가 분식점을 차릴 때 가슴에 품었던 원칙은 '유행을 따라가지 말고 고객의 건강을 제일 우선으로 생각하자'였다. 이 원칙을 버리지 않으면서 자기만의 전략으로 나아가자 고객들로부터 인정받게 되었다.

누구나 한번쯤 가본 '김가네'의 김용만(62세) 대표도 그렇다. 김가네는 23년간 프랜차이즈를 운영하여 전국에 520여 개 매장을 두고 있다. 아무도 지금의 이 회사를 예상하지 않았다. 1994년 설립 초기에는 작은 분식점 하나에 불과했지만 다른 가게와 달리 김 대표의 아이디어가 돋보였다.

"기존의 모든 김밥은 미리 만들어 두었다가 손님들에게 판매했다. 주문을 받고 나서 고객이 보는 앞에서 김밥을 마는 '즉석김밥'은 우리가 처음 시작한 것이다. 게다가 매장 창문 위쪽에 냄새를 밖으로 빼는 환풍기를 달아, 김밥용 밥을 참기름으로 비비는 고소한 냄새가 거리로 나가도록 해서 지나가던 사람들마저 매장 안으로 들어오게 만들었다."

이렇게 김밥 마는 모습을 공개하고, 냄새를 밖으로 풍기는 전략으로 고객을 끌어 모았다. 게다가 길거리 음식인 김밥의 품질을 업그레이드 시켰다. 참치, 치즈, 소고기, 볶은 멸치, 고추 등의 다양한 재료를 넣어 김밥을 만들었다. 가격이 다른 가게의 김밥보다 두 배 높았지만 고객들이 가게 앞에서 몇십 분씩 줄서서 기다리는 진풍경이 펼쳐졌다. 김 대표는 23년 넘은 분식의 명가 김가네를 만든 원칙을 이렇게 말한다.

"초심과 원칙을 지킨 덕분이다. 김가네의 성공비결은 근본적으로는 맛과 품질에 있다고 생각한다. 나는 기본원칙을 준수하는 것이 가장 중요하다고 생각한다. 음식의 기본은 맛 아니겠는가. 맛을 위해서 식재료 품질이 좋아야 하는 것은 당연하다. 김가네는 최고의 품질을 위해 국내산 제품 위주의 식자재를 고집하는 등 질 높은 식자재 확보를 위해 최선을 다하고 있다."

김밥, 어묵, 떡볶이는 한국인이라면 누구나 부담 없이 즐기는 메뉴이다. 이를 주 메뉴로 하는 분식점 또한 고객의 꾸준히 사랑을 받고 있다. 그러나 다른 사람과 같은 마인드로 안이하게 분식점을 해서는 안 된다. 자기만의 뚜렷한 원칙을 갖고 해야, 차별화된 독자성을 유지할 수 있고 고객의 입맛을 사로잡을 수 있다.

22

저렴한 천연 제품의 '착한 쇼핑몰'이 뜬다

"아휴, 화장품 성분이 몸에 좋지가 않나보네. 이것 봐, 또 얼굴에 두드러기가 생겼어."

"엄마 피부에만 알레르기 반응이 생기는 게 아니에요?"

"그렇지 않아. 민감한 피부를 가진 내 친구들도 나처럼 발진이 나서 맘고생이 이만저만이 아니야."

창업 아이템을 고민하던 천연화장품 쇼핑몰 '시드물'의 민중기 대표의 머릿속에서 '바로 이거다' 하는 생각이 스쳤다. 그는 화장품 시장은 크지만, 엄마처럼 민감한 피부를 갖고 있는 사람들을 위해 특별히 배려한 제품은 많지 않다고 판단했다. 화장품 시장의 전체 고객을 타깃으로 하는 건 무모한 시도겠지만, 민감성 피부인 사람 그리고 건강에 신경을 많이 쓰는 사람들을 타깃으로 좁히면 승산이 있을 듯했다.

이때가 2005년이었다. 민 대표는 천연화장품을 인터넷으로 판매하기로 했다. 수중에는 단돈 20만 원밖에 없었고, 더욱이 화장품 쪽은 문외한이었지만 젊은 그에게는 혈기왕성한 패기가 있었다. 인터넷으로 화장품 제조 회사를 모조리 검색하고 나서 한 군데 업체를 콕 찍었다. 곧바로 그 회사로 찾아가 대표를 만났다.

그 회사 대표는 이 청년의 거래 제안을 무시했다. 그도 그럴 것이 생면부지의 청년을 어떻게 믿겠는가. 게다가 번듯한 회사가 있는 것도 아니도 사업 경력이 많지도 않았으며 자본금도 바닥이었다. 하지만 민중기 대표는 물러서지 않고 그 사업을 하고자 하는 진심을 보여주었다. 화장품 때문에 고생하는 어머니 이야기를 하고 나서 말했다.

"저는 가족들도 믿고 사용할 수 있는 화장품을 만들어 보고 싶었습니다. 우리나라에서도 친환경에 대한 관심이 높아지고 있어 천연화장품에 대한 수요가 많을 겁니다. 저를 믿고 100% 천연화장품을 만들어 주시면 최선을 다해 팔아드리겠습니다."

회사 대표는 그의 진정성과 패기 그리고 끈질긴 설득을 그냥 지나칠 수 없었다. 결국 그와 거래를 터주기로 했다. 이렇게 해서 2006년에 지금의 천연화장품 쇼핑몰 '시드물'이 세워졌다. 직원 한 명 없이 집에서 컴퓨터 한 대로 창업한 것이었다. 오로지 믿을 건 그의 튼튼한 체력뿐이었다. 하루 14시간 동안 혼자의 힘으로 해나갔다. 저렴하면서 몸에 좋은 천연 성분의 화장품이라고 온라인 마케팅을 해나갔다.

하지만 생각과 달리 반응이 좋지 않았다. 대부분의 여성 고객은 이미 유명 브랜드 화장품을 사용 중이었다. 이름도 없는 회사에서 만든 화장품이라고 하니, 못 믿겠다며 의심의 눈초리로 바라봤다. 정말 그런 천연화장품이 있다면 유명 화장품 회사에서 진작 만들고도 남았을 거라는 빈정거림도 들었다. 하지만 그는 좌절하지 않고 제품을 구매한 한 명 한 명의 고객을 개별적으로 공략해 나갔다. 제품에 대한 후기와 질문에 정성껏 답변해 주었다. 점차 고객이 자발적으로 블로그와 카페에 긍정적인 사용 후기를 올리기 시작했다.

써보니 참 좋다, 이렇게 건강에 좋은 천연제품이 가격도 무척 저렴하다, 피부 알레르기로 고생하고 있었는데 천연화장품으로 바꾸길 참 잘했다, 이 제품은 믿을 만하다 등이 이어졌고 이를 기반으로 '시드물을 사랑하는 사람들의 모임'에 1만 명의 회원이 생겨났다. 때마침 화학성분이 가미된 화장품의 문제점이 대대적으로 방송을 타자 시드물의 천연화장품에 대한 수요가 급신장했다. 그 결과, 2010년 무려 100억 원의 매출을 올림으로써 국내 천연화장품 쇼핑몰 1위에 올라섰다.

시드물은 싸고 피부에 좋은 천연화장품, 즉 '착한 제품'을 판다는 이미지를 구축했다. 민 대표가 공들여 만든 이 브랜드 이미지는 또 한 번의 기회를 낚아챈다. 화장품에서 어느 정도 인지도를 쌓은 시드물은 2014년 착한 치약인 M 치약을 내놓았다. 이 제품은 시중에 유통되는 치약에 가미된 파라벤 성분이 암을 유발할 수 있다는 내용이 방송을 타자 소비자들에게 큰 환영을 받았다. M 치약에는 유명 브랜드의 치약에 들어 있는 파라벤이 전혀 가미되지 않았고, 자연성분으로 만든 계면활성제를 첨가했다.

천연화장품, 천연 치약 등 천연 제품을 다루는 쇼핑몰은 전에도 그랬듯 지금도 넘칠 정도로 많다. 그런데 민중기 대표는 어떻게 그 치열한 경쟁 속에서 성공의 왕좌에 올라설 수 있었을까? 지금의 시드물을 만든 첫 번째 성공 요인은 천연성분을 쓰되, 저렴한 가격대를 유지한 점이다.

"자연으로부터 원료를 얻기는 어렵고 번거롭지만 사람은 원래 자연으로부터 얻은 원료를 이용해 왔고 그렇게 살아가는 것이 맞다고 생각합니다. 그래서 자연에서 얻은 원료를 이용하기 위해 노력합니다. 이렇게 제품을 천연보존제로 만들면 기존 일반 화장품보다 훨씬 많은 노력과 비용이 들어갑니다. 그렇기 때문에 제품의 생산부터 판매까지 중간 유통 단계를 만들지 않고 있으며, 주력 원료나 주요 성분 등을 직접 대량으로 구매하는 등 원가절감을 위해 노력하고 있습니다."

소비자들 사이에서 화학성분이 든 제품을 거부하는 움직임이 생기고 있다. 이에 따라 노케미족(No-chemi)족이 등장했다. 이들은 가습기 살균 사태 이후 아이를 키우는 가정을 중심으로 급격히 늘어가고 있다. 따라서 천연 제품 창업 희망자는 수요를 안심해도 좋다. 단, 소비자에게 유익함을 주는 김에 가격도 낮게 책정한다면 금상첨화가 아닐까.

창의적인 마인드로
야외운동 시설을 개척하라

23

"새로운 것에 도전하면 처음에는 힘들고 손해 보는 일도 많습니다. 하지만 창의적인 도전을 하면 언젠가는 보상이 돌아오더군요."

야외운동, 놀이시설 기구를 만드는 '디자인파크개발' 김요섭 대표의 말이다. 2001년 10억의 자본금으로 창업한 이 회사는 현재 131억 원의 매출을 내고 있다. 김 대표가 놀이시설과 야외운동 기구에 관심을 갖게 된 건 IMF로 운영하던 조경시설물 시공 업체가 휘청거리면서였다. 새로운 사업을 구상하던 그는 무작정 중국으로 떠났다. 머릿속에는 이것저것 다양한 사업 아이템이 떠올랐지만 큰 위기를 겪었던 터라 최대한 조심스럽게 사업 아이템을 찾으려고 노력했다. 하루는 야외공원을 산책하다가 운동기구들을 발견했다. 중국인들이 일상처럼 다양한 기구에 몸을 맡긴 채 운동을 하고 있었다.

152
대한민국 장사 천재들

'저거야. 우리나라의 공원에는 고작 평행봉, 철봉대밖에 없지. 우리나라의 공원에도 사용하기 편리한 운동기구가 많이 설치되어야 해. 내가 첫 스타트를 끊어보자. 공원의 숫자만큼 운동 기구에 대한 수요도 많을 거야.'

이런 계기로 그는 지금의 회사를 세웠다. 녹 슨 채로 버려진 평행봉, 철봉대를 없애고 이를 대신할 다양한 운동기구를 개발했다. 이 과정에서 세 가지에 주안점을 두었다. 첫째는 운동만을 위한 무미건조한 운동기구가 아니라 운동과 놀이 두 가지를 접목한 기구를 만들자는 것. 둘째는 비바람에 방치해도 고장 나지 않고 잘 작동할 수 있도록 튼튼하게 만들자는 것. 셋째는 남녀노소 누구나 작동하기 쉬워야 한다는 것이다. 이렇게 해서 지금 전국 공원과 놀이터에 비치된 운동기구들이 만들어졌다.

널리 알려진 이 회사의 제품으로는 두 가지가 있다. 하나는 원판에 올라서서 좌우로 몸을 돌리는 기구로, 놀이와 운동이 결합된 대표 사례이다. 다른 하나는 자가발전형 자전거이다. 특히 자가발전 운동기구는 IT 기술을 접목한 제품으로 속도, 거리, 열량, 시간, 강도를 눈으로 확인할 수 있는 디스플레이를 장착했다. 원래 우리나라에는 운동 에너지를 전기로 바꿔주는 발전기가 생산되지 못했다. 전량을 외국에서 수입해야 했는데 김 대표는 과감하게 국산화를 시도했다.

외국산이라고 해서 품질이 크게 좋은 것은 아니었다. 이에 자신감을 얻은 김 대표는 개발에 착수해 외국산 발전기보다 성능은 네 배, 크기와 무게는 30% 축소된 국산 제품을 개발해 냈다. 이로써 국가적으로는 외화 낭비를 줄일 수 있었고, 회사 입장에서는 저렴한 가격의 제품을 선보일 수 있었다.

현재 '디자인파크개발'은 어린이 놀이시설, 워터파크 시설 디자인으로 영역을 확장해 나가고 있으며 외국에 제품을 수출하고 있다. 김요섭 대표는 지속되는 경기 침체와 갈수록 심해지는 경쟁 속에서는 기존의 성실함만으론 부족하다고 말한다. 무엇보다 직원들의 창의력이 중요하다고 강조한다. 타사와 차별화된 가치를 제공할 수 있는 힘은 창의적인 인재들로부터 생겨나기 때문이다. 디자인파크개발은 많은 것을 관리하지만 그중에서도 사람 관리를 가장 중요시한다. 특히 디자인 설계 분야는 창의적인 상상력 속에서 번뜩이는 아이디어가 튀어 나오기 때문에 더욱 신경 써서 관리한다.

"디자인파크개발은 타 제품과 비슷하게 만들지 않는다는 자부심이 있습니다. 그동안 아예 새롭게 해석하거나 소재를 바꾸거나 새로운 기능을 찾는 등 색다른 것, 창의적인 것을 찾는 도전정신으로 꾸려왔습니다. 직원들에게도 창의적으로 생각할 것을 강조합니다. 비슷한 걸 내놓으면 2등은 되도 1등은 될 수 없습니다. 끊임없이 새로운 것을 찾기란 어렵지만 즐거운 일이기도 합니다. 제조업의 즐거움이 바로 여기에 있습니다. 새로운 제품을 개발하고, 예상한 대로 소비자들이 따라와 주는 일은 제조업이 누릴 수 있는 기쁨입니다. 그래서 끊임없이 연구개발에 신경을 쓰죠. 본사 부서 중 연구소 인원이 제일 많은 이유도 그것입니다."

'디자인파크개발'의 성공 포인트는 창의성에 있다. 김 대표는 기존 사람들이 운동은 운동이고 놀이는 놀이로 구분하는 사고방식을 허물었다. 이렇게 해서 운동도 되고 놀이도 되는 웰빙 비즈니스를 창출했다. 창의성을 간단하게 말한다면, 이질적인 것들을 서로 연결하는 능력이다. 평범한 사람들은 구별 짓고, 경계 짓고, 이분화하는 데 익숙하다. 이러한 마인드로는 창의적인 제품을 만들기 힘들다. 구별을 없애고, 경계를 허물고, 연결하는 사고를 가져야 비로소 눈이 휘둥그레지는 창조적인 제품을 만들어낼 수 있다. IT 황제 스티브 잡스는 말했다.

"창의성은 사물을 연결하는 것이다(Creativity is just connecting things)"

대한민국 장사 천재들

4부
고객의 마음을 훔치는
대박 전략

24

분산투자와
인세 수입을 노려라

네이버 카페처럼 최소 비용에 최고 수익을 내는 비즈니스를 찾아보기 힘들다. 처음 네이버 카페를 시작할 때 시간과 열정을 투자한 것 말고는 단돈 십 원 한 푼 들어가지 않았다. 네이버 카페에는 직원, 별도의 사무실, 유지비 즉 호스팅비, 서버비, 도메인비 등 어떤 비용도 필요 없기 때문이다. 오로지 나 혼자 일정 시간을 투자하기만 하면 된다. 이렇게 어느 정도 안정 궤도로 올려놓자 황금알을 낳는 거위가 되어 꾸준히 고수익을 주고 있다.

이런 나를 보고 창사영 회원들은 종종 오해한다. 비즈니스로 창사영 카페 하나만 운영하면서 대박을 내는 걸로 말이다. 실상은 그렇지 않다. 현재도 여러 개의 사업(영업)을 동시에 진행하고 있다. 한창 때는 세무대행 영업, 보험 사이트 DB 사업, 밴 사업(van, 단말기)과 인터넷전화통신사업, 상조영업, 온열기 사업, 창사영 등 늘 서너 개를 동시에 진행했다.

예를 들면 오전 9시에서 12까지는 세무대행 영업을 하고, 12시에서 6시까지는 상조영업 또는 밴(van) 영업, 저녁식사 후 7시 이후부터는 창사영, 온열기 사업, 보험 사이트 DB 사업 즉, 온라인사업에만 집중적으로 시간을 할애해 진행했다.

세무대행 업무의 경우, '아웃소싱'이라는 사업자 이름을 걸고 기장 대행 영업을 했는데 매달 최소 500만 원에서 최대 1000만 원까지 벌었다. 이렇게 고소득을 낼 수 있었던 건 법인대표의 개인 연락처를 알아내는 별도의 특급 비결이 있었다. 다른 세무대행 영업사원들은 매주 한국경제신문에 나오는 법인설립 주소를 보고 단지 대량의 DB를 발송한다든지, 무턱대고 직접 회사로 찾아가 대표나 관계자를 만나기를 시도한다. 그에 따른 상당한 시간 허비와 비효율로 스스로 지쳐 나가떨어지기 마련이다.

나는 신규법인들이 가장 많이 생기는 강남 일대, 여의도 일대, 구로 가산디지털 일대 3군데 지역을 거점으로 국세청 근무경력의 3명의 세무사들과 일 대 일로 계약했다. 그 다음 신규법인 대표와 바로 유선으로 컨택한 후, 세무사님들을 보내어 계약을 하게 했다. 이렇게 하여 시간과 효율에 있어서 차원이 다른 방식을 택했다. 그래서 오전 시간만 활용해도 충분히 세무대행 영업을 할 수 있었다.

참고로 세무대행 영업 시 TM 멘트에 대한 팁을 알려주고자 한다. 신규법인 대표와 첫 통화에 각별히 유의해야 한다. 보통은 이런 식으로 식상한 멘트를 날리면서 세무사 거래처 영업을 시도한다.

"안녕하세요? OOO코리아 OOO대표님. 저희는 OO세무법인입니다. 혹시 거래하시는 세무사님(혹은 세무사 사무실)이 있으신가요? 저희와 거래하시면 절세하실 수 있도록 최선을 다해 서비스해 드리겠습니다. 시간 되시면 찾아뵐 수 있을까요?"

이럴 경우 신규법인 대표와 만남은커녕 다시 통화조차 못하는 경우가 허다하다. 그러나 나는 달랐다. 신규법인 대표와 첫 통화 시 이와 같이 말했다.

"안녕하세요? OOO코리아 OOO대표님, 이번에 법인설립하신 것을 진심으로 축하드립니다. 대표님, 구로디지털단지 내 OO빌딩에 계시죠? 저희는 바로 옆 OO빌딩에 있는 OO세무법인인데요, 아직 세무사 안 정하셨죠? 저희 세무사님은 국세청 조사관 출신이시고, 현직에 오래 계셨기 때문에 혹시 무슨 일이 생겼을 시에 세무서 직원사람들도 많이 아셔서 그냥 라이센스만 가지고 계신 다른 세무사님보다 훨씬 대처 능력도 빠르고 해결 능력이 좋으십니다. 그래서 법인대표님들이 국세청에 계셨던 세무사님과의 거래를 선호하는 것을 대표님도 잘 아시지요? 마침 대표님 사무실이 바로 옆 건물에 있는데, 그 건물에 저희 거래처들도 많아서 저희 거래처도 들를 겸 지나가던 길에 오늘 오후 2시쯤 인사 좀 드리러 갈까 하는데 괜찮으시죠?"

이렇게 첫 멘트를 날리면 거래하는 세무사가 없을 경우 "그럼 한 번 와 보세요"라고 답변을 주는 신규 법인 대표가 확률상 60~70%가 넘었다.

보험사이트 DB 사업은 사이트를 분양받아 시작했다. 온라인에서 분양받은 사이트를 홍보해 유망 보험 고객에 대한 간단한 정보만을 보험사에 넘겨주면 고객의 계약 유무와 상관없이 유선으로 고객과 통화된 건에 한에서 한 건당 5만 원씩 벌었다. 한창 땐 매월 300만 원 이상을 유지했으며, 지금도 시간이 나면 가끔씩 홍보하고 있다. 이처럼 온라인 상에는 우리가 미처 생각지 못한, 합법적으로 쉽게 돈을 벌 수 있는 아이템 소스들이 지금도 매일 창사영 또는 다른 플랫폼에 업데이트되고 있다.

온열기 사업의 경우, 남들은 오프라인으로 유망고객을 발굴하고자 이리저리 뛰어다니며 사람들을 만나는 데 엄청난 시간을 소비했지만 나는 당시 회원이 약 300명밖에 안 되는 '****온열기' 네이버 카페만 가지고 키워드를 선별해 집중적으로 홍보, 유망고객들과 그때그때마다 바로 통화한 후 쉽게 계약을 이끌어 낼 수 있었다.

현재는 카드단말기 즉, 밴(van) 사업을 하면서 창사영을 운영한다. 지금도 밴 가맹점으로부터 매달 인세수입이 꽤 생긴다. 이렇게 나는 사업 아이템을 여러 개로 분산투자해 리스크를 줄였으며, 누구에게나 똑같이 주어지는 하루 24시간도 역시 아이템별로 분산투자해 알차게 사용했다.

사실 어떤 아이템이 롱런할지, 대박이 날지, 효자 아이템이 될지는 아무도 모른다. 그렇기 때문에 현재 대한민국에 살면서 늘 대내외적으로 불확실성을 안고 살아가는 영업맨, 비즈니스맨은 한 가지 아이템에만 올인하기보다는, 2~3개 정도의 사업 아이템을 동시에 진행하라고 권하고 싶다. 한 가지 분명히 알아두어야 할 사항은 오프라인 사업 아이템을 2~3개 함께 진행하라는 이야기가 결코 아니라는 점이다. 이는 절대 불가하다. 식당운영을 하면서 어떻게 오프라인 사업을 동시에 할 수 있겠는가?

예전 창사영 회원 중에 10년 넘게 식당을 운영하고 있던 40대 중반의 한 남성이 계셨다. 원래는 상당히 장사가 잘되는 족발 가게였는데 내수 경기가 점점 나빠지면서 수입이 점차 줄어드는 기미가 보이자, 그는 손님이 없는 낮 시간대를 활용해 온라인으로 할 수 있는 부업이 있는지 매일 창사영 카페를 모니터링하면서 아이템을 알아보았다. 마침 본인에게 꼭 맞는 온라인 재택홍보 아이템을 발견하여 홍보한 결과, 온라인을 통해서만 현재까지도 400~500만원 정도의 별도 수입을 올리고 있다.

"창사영 하나에만 올인하는 게 좋지 않을까요? 너무 다양한 비즈니스에 욕심을 내는 게 아닌가요?"

내게 이런 질문을 하는 창업 희망자들이 종종 있다. 이런 질문을 받을 때마다 뜨끔한 느낌이 든다. 내가 잘못이라서가 아니다. 그런 질문을 던지는 사람들은 사업을 몰라도 너무 모르기 때문이다. 너무나 순진하기까지 하다. 잘되는 사업 하나만 하면 만사형통이라는 생각은 참으로 위험하다. 나는 오랫동안 쌓아온 영업 경력을 바탕으로 창사영을 일구어냈다. 하지만 창사영 하나만으로는 위험 부담이 너무나 크다는 사실을 절감하고 있다. 언제 어떤 리스크가 발생해 카페 운영에 차질이 생길지 모르기 때문이다.

내가 왜 '창사영'에만 의지하거나 안주하지 못하는 이유를 설명하겠다. 최근 핫한 '스팀잇'이라는 플랫폼을 들어본 적이 있는가? 스팀잇은 블록체인 기반의 플랫폼으로, 현재 미국에서 선풍적인 인기를 끌고 있다. 미국 최대 전자상거래업체 아마존이 온라인 유통을 넘어 오프라인 유통까지 M&A를 통해 관련 기업을 몽땅 집어삼키면서 순식간에 유통 공룡, 최대 강자로 떠오르고 있다. 이처럼 온라인 사업은 우리의 예상보다 훨씬 급속도로 환경이 빠르게 바뀌고 변화무쌍하다. 혹자는 앞으로 블록체인 기반의 스팀잇이 중앙집권 기반의 구글, 유튜브, 네이버, 다음(카카오) 같은 플랫폼을 훨씬 능가할 수 있다고 말하기도 한다. 나도 혹시 머지않아 '네이버' 창사영에서 '스팀잇' 창사영으로 갈아타야 할 시기가 오지 않을까 우려한다.

일반적으로 블록체인을 가상화폐 관련 또는 보안 관련 기반의 원초적 기술 정도로 알고 있는 사람들이 많지만, 실제로 이 기술은 그 쓰임이 너무나 방대하고 다양하다. 우리가 익히 알고 있는 구글, 유튜브, 네이버, 다음(카카오)과 같은 플랫폼은 중앙집권 기반의 플랫폼인 반면에 스팀잇은 블록체인 즉, 분산원장 기반의 플랫폼이다. 그래서 최근 중앙집권 기반의 플랫폼에서 활동하던 콘텐츠 크리에이터나 블로거들이 스팀잇으로 갈아타고 있다.

기존 중앙집권 기반의 플랫폼은 크리에이터나 블로거가 힘들게 올린

콘텐츠들을 기반으로 발생한 트래픽(글, 동영상 조회수)을 통해 본사가 몇 조 원 이상의 엄청난 수익을 가져간다. 크리에이터, 블로거들이 가져가는 수익은 조족지혈에 불과하거나 거의 보상을 받지 못한다. 이에 반해 스팀잇 플랫폼에서 활동하는 크리에이터들은 블록체인 즉, 분산원장 기반으로 중앙이 존재하지 않기 때문에 수익 기반이 정해진 알고리즘에 따라 각자 실시간으로 투명한 금전적 보상을 받는다. 실제로 하룻밤에 글 하나를 써서 보통은 수십 달러 이상을 벌고, 많게는 6천 달러 이상 벌고 있는 콘텐츠 크리에이터들이 많다. 스팀잇은 홈페이지를 통해 실시간으로 수익을 투명하게 공개하고 있다.

물론 글 또는 동영상을 하나 올렸다고 수익이 바로 발생하는 것은 아니다. 글 또는 동영상에 '댓글 및 좋아요'가 많이 달리면 영업실적으로 인정되어 그것을 기반으로 정해진 알고리즘에 의해 수익을 자동으로 가져가게 되는 구조이다. 일부 IT전문가들은 블록체인 기반의 스팀잇과 같은 플랫폼이 전 세계 인터넷 생태계의 지형을 완전히 바꿀 수도 있다고 예측한다.

이처럼 인터넷과 IT 환경은 한치 앞도 예측하기 힘들게 변화무쌍하다. 그래서 아무리 네이버에서 가장 잘나가는 창업카페인 '창사영'을 운영한다 해도 나는 매우 불안하다. 그래서 지금도 항상 초심을 잃지 않으려고 노력하고, 급변하는 인터넷과 IT환경에서 끝까지 살아남기 위해 최신 정보를 늘 수집하고 배우는 자세로 살고 있다.

결국은 누구나 주력 사업 아이템의 리스크가 생길 수 있는 때를 미리 대비하기 위해서라도 주력 사업과는 별도의 사업^(영업)을 해야 한다고 믿는다. 이때 사업은 한번 영업으로 계약을 해놓으면 꾸준히 인세 수입이 발생하는 구조로 하고 있다. 보험, 상조, 통신, 밴^(van) 그리고 요즘 영역을 크게 넓히고 있는 렌탈 사업^(정수기, 공기청정기, 안마의자 등) 등이 그 대표적인 예이다. 주력 사업에 위기가 닥쳐오고, 건강에 치명적인 문제가 생겨 손가락 하나 까딱 못하더라도 매달 들어오는 인세 수입이 있으면 안심이 된다. 따라서 누군가 나에게 사업의 대박 노하우를 물으면 이렇게 답한다.

"시간과 아이템에 대한 각각의 분산투자, 온오프라인 사업의 다각화, 마지막으로 인세 수입 아이템을 확보해야 합니다. 이들이 톱니바퀴처럼 돌아가면서 안정적으로 고수익을 낼 수 있다면, 그것이 사업 대박의 비결입니다."

2016년 말 삼성은 갤럭시노트7의 대량 리콜 사태를 맞았다. 만약 삼성이 스마트폰에만 올인했다면 그 위기를 견뎌낼 수 있었을까? 수 조 원대의 막대한 손실을 입고 재기 불가능 상태에 빠졌을지 모른다. 삼성은 어떻게 위기를 모면했을까? 휴대폰, 반도체, 가전, 디스플레이, 바이오 등의 포트폴리오 다양화 곧, 사업 다각화이자 분산투자를 했기에 큰 손실을 입었지만 다른 부문의 사업들이 든든히 지켜서 생명을 유지할 수 있었다. 반면, 전 세계 휴대폰 판매 1위였던 글로벌기업 노키아는 휴대폰 사업에만 올인해 변화무쌍하게 바뀌는 미래의 IT환경에 대비하지 못해 결국에 MS사에 한화 약 8조 원 정도의 헐값에 매각되는 일이 벌어졌다. 삼성의 이 이야기보다 분산 투자의 중요성을 잘 보여주는 사례는 없다. 글로벌 기업조차도 한순간 방심하면 막대한 손실을 입고 휘청거릴 수 있다. 그 어떤 비즈니스도 리스크가 매우 높다는 사실을 인식해야 한다.

하물며 개인 창업자들에게는 더더욱 리스크가 많다. 운 좋게 지금 핫한 아이템의 첫 차에 올라타서 사업을 잘했다고 해도, 그것으로 만사가 해결되지는 않는다. 전문가들은 보통 창업 유망 아이템의 주기를 평균 3년으로 본다. 아무리 잘나가는 사업의 생명도 고작 3년이라는 말이다. 이걸 망각하고 현재 잘된다고 하나의 사업에만 올인하다가는 몇 년 내에 닥쳐오는 위기에 무너질 수 있다.

그래서 주력 사업과는 별도로 두세 개의 사업을 동시에 진행해야 한다. 문어발식 사업 확장과는 그 개념이 완전히 다르다. 하나만 잘해도 될까 말까한 사업을 여러 개 방만하게 하다보면 에너지가 분산되어 사업을 제대로 하기 힘들다. 내가 강조하는 분산투자의 사업 업종은 인세 수입을 주로 하는 사업을 의미한다. 앞에 언급했듯이 한번 계약을 맺어놓으면 고정적으로 인세 수입이 들어오는 보험, 상조, 통신, 렌탈사업(정수기, 공기청정기, 안마의자 등)과 밴(van)이 그것이다. 이런 업종은 처음 영업을 할 때에만 많은 시간과 에너지가 요구될 뿐 일단 계약을 맺기만 하면 수년 간 매달 수입이 통장에 들어온다. 자본금이 많지 않고, 또 전 재산으로 사업을 시작하는 사람들은 이 점을 절대 잊어서는 안 된다.

대박 사업에 대한 생각을 바꿔야 한다. 사업 하나를 잘해서 큰돈을 벌었다고 그걸 대박으로 생각하면 안 된다. 그 사업과 별도로 리스크를 대비한 사업이 여러 개 운영되고 있어야 한다. 이때 분산투자로 가능하면 최소한의 경비와 에너지 투여로 지속적으로 수익이 창출되는 인세 수입 업종을 여러 개 하면 좋다. 이렇게 해서 분산투자와 인세 수입의 탄탄한 구조를 갖추었을 때 진정한 사업의 대박이라고 할 수 있다.

25

'창사영'과
무료 서비스가 답이다

"건강기능 식품은 매우 수익이 높은 사업이고 고부가가치 아이템이다. 건강과 관련된 수요는 항상 꾸준하다. 20년 넘게 이 분야에 일하면서 불황을 못 느꼈다. 재구매가 이루어지고 회전율이 높다는 것 또한 장점이다. 그러나 현재 시장 환경 상 유통 채널이 막혀 있다. 이것을 뚫는 자에게 다시 큰 기회가 올 것이라고 본다."

에이치앤비네이처 김영배(53세) 대표의 말이다. 2017년 설립된 이 회사는 30여 종의 다양한 슈퍼푸드를 제조 판매하는데 수많은 경쟁업체를 따돌리고 순항 중이다. 홈쇼핑 방송을 틀었다 하면 나오는 게 슈퍼푸드이다. 김 대표의 말처럼 이 아이템으로 사업을 영위하기란 결코 쉬운 일이 아니다.

그런데 김영배 대표는 창업한 지 일 년도 안 된 시점에서 매달 순수익 수천만 원을 거두고 있다. 특히 대리점 110여 곳을 유통 채널로 확보하여 매출이 급신장할 것으로 보인다. 김 대표가 단기간에 많은 대리점과 계약할 수 있었던 원동력은 창업 희망자와 사업자들 그리고 다양한 분야의 영업자들이 활발하게 소통하고 있는 '창사영' 카페 덕이다. 업종에 상관없이 대리점 모집에만 수천만 원 대의 광고비를 집행하는 게 관례이지만, 그는 돈 한 푼 들이지 않고 오로지 창사영 카페를 통해 많은 대리점을 확보할 수 있었다.

그는 보험, 건강기능 식품, 화장품 업계에서 컨설팅과 영업을 오래 해온 경력을 보유하고 있다. 그래서 그 분야의 인적 자원을 축적할 수 있었고 역량 있는 지사장을 영업해 탁월한 영업 실적을 냈다. 그런데 시장 환경이 급격히 온라인 마켓 중심으로 재편되면서 기존의 인적 자원은 자연히 고갈되고 말았다. 그래서 그가 창업했을 때는 인적 자원이 거의 전무하다시피 했다.

이때 우연히 창사영 카페를 알게 된 김 대표는 이를 적극 활용했다. 광고는 돈이 많이 들고 표현에 제약이 따르며, 전단지는 쓰레기 취급을 받는다. '창사영'은 많은 회원 수를 자랑하는데, 회원들의 글쓰기가 자유롭고 개방적이며 공짜로 홍보가 가능한 매체였다. 김 대표의 경우, 네이버 지도에서 일정 지역을 선정한 후 업종을 검색하고 직접 방문하여 홍보할 때 어느 정도 효과를 보기도 했지만 최소 비용으로 최대 효과를 내는 점에서는 창사영 카페만 한 곳을 찾지 못했다. 그가 110여 개 대리점과 계약할 수 있었던 비법은 이렇다.

"창사영 카페에는 허황되게 높은 수익을 올릴 수 있다는 글을 결코 올리지 않습니다. 대신 주로 영업 노하우를 많이 싣습니다. 그 다음은 제품 설명을 가급적 줄입니다. 제품이야 누구나 좋다고 이야기하므로 식상하기 쉽습니다. 실제로 제품의 영업 기법을 상세하게 설명했을 때 반응이 매우 좋았습니다. 질 좋은 제품은 기본이고 구체적으로 어디서 어떻게 영업(판매)하라는 방향 제시를 정확히 해주어 많은 인적자원을 확보할 수 있었습니다."

실제로 창사영 카페에는 그가 보험설계사였을 때 터득한 영업 기법이 소개되어 있다. 그는 영업을 무료로 코칭해주고 보험가입을 권해 엄청난 실적을 거두었다. 보험 개척 영업을 하러 갈 때 그는 보험설계사가 아닌 영업 코치였다. 그가 친절하게 영업을 코칭해주면 다들 만족스러워하면서 얼마를 드리면 되느냐고 물어왔다. 이때 돈을 주는 대신 저축성 보험에 가입하라고 하면 다들 웃으면서 좋다고 했다. 남들은 보험 설명하느라 진땀을 뺄 때 그는 웃으면서 보험에 가입을 시켰다.

이러한 무료 서비스 영업 기법은 지금의 에이치앤비네이처에도 그대로 녹아 있다. 김영배 대표는 무료 서비스를 내세워 대리점들이 많은 고객을 확보할 수 있게 했다. 우선 방문 영업을 할 경우 무료 체험용 제품을 제공한다. 요즘의 고객은 영업을 하려고 하면 도망가기 일쑤이다. 제품 설명을 듣기도 전에 영업자를 잡상인 취급하기 때문에 억지로 제품을 구구절절 설명하기보다는 한번 직접 체험하도록 유도하는 편이 낫다. 실제로 미용실 원장, 척추교정원 원장, 부녀회 회장, 버스노조 위

원장, 스포츠동호회 리더, 동장, 통장 등을 중심으로 무료 체험 서비스를 진행하면서, 영업자는 고객에게 찾아가 단 한 마디만 하고 나왔다.

"이 제품 두고 갈 테니 드시고 효과 없으면 돈 내지 마세요."

그 결과는 매우 효과적이었다.

그 다음으로, 매장에서 영업할 경우 공짜 헬스케어 서비스를 제공한다. 대략 3평짜리 찜질방을 공개해 놓으면 많은 사람들이 찾아오게 된다. 일반 찜질방에 모이면 자연스레 슈퍼푸드 제품의 효과를 이야기한다. 이렇게 하니 입소문이 나서 제품이 팔렸다.

대리점 모집부터 영업 전략까지 어느 것 하나 쉬운 게 없다. 에이치앤비네이처 김영배 대표는 창사영에 대리점 모집을 홍보해 큰 효과를 봤으며, 무료 서비스 영업으로 고객을 끌어들이는 데 성공했다.

'창사영'의 탁월한 홍보효과를 실제로 경험한 기업체 대표 세 분을 추가로 소개한다. 자사 제품이 시장에서 외면 받지 않으려면 이를 잘 참고하자.

"온라인에서는 많은 광고를 해봤는데 창사영 카페에서의 100만 원짜리 배너 광고는 10번 중 9번은 늘 놀라운 홍보 효과를 봤습니다. 보통 투자 대비 10배 이상의 수익을 만들었습니다. 그래서 창사영 외에 다른 곳에는 광고를 잘 하지 않습니다. 사업 10년 넘게 이렇게 효과 좋은 곳은 본 적이 없습니다."

- 광고대행사 '세이비츠온' 전광식 대표

"온라인으로는 학생을 모집하지 않았으나, 네이버 창사영 카페를 통해 2013년부터 만 5년 정도의 기간 동안 61명의 화상영어 창업자를 모집하여 컨설팅을 해드렸습니다. 창업 컨설팅을 통해 비용은 전혀 들지 않고, 최대의 수익을 만들어 준 것 같습니다."

- '싸이몬 화상영어' 조형원 대표

"창사영 같은 창업카페와 SNS, 블로그 바이럴마케팅을 통해 관련 키워드를 상위 노출하는 식으로 홍보하고 있습니다."

- '한국기업경영원' 최진혁 대표

26

뚝심을 갖고
될 때까지 띠라

미국 서부 골드러시 시대, 더비라는 사람이 부푼 꿈을 안고 서부로 향했다. 곡괭이와 삽을 들고 서부 곳곳을 파헤친 끝에 운 좋게 광맥을 발견한 그는 그곳을 아무도 몰래 숨겨 놓고 거금을 모아 채굴 장비를 마련한 후 다시 돌아왔다. 채굴을 하니 금붙이 몇 조각이 나타났다.

"이제 곧 나는 부자다."

그러나 기쁨도 잠시, 굴착기를 이용해 계속 아래로 파내려가도 금 조각은 더는 나오지 않았다. 그게 전부였다.

"이제까지 고생한 결과가 겨우 이것뿐인가? 그동안 이곳에 투자한 내 청춘이 아깝군. 그래도 투자금은 회수했으니 이것으로 그만 끝내는 게 좋겠어."

그는 고가의 채굴 장비를 고물상에게 팔아치우고 고향으로 돌아갔다. 그러자 고물상은 혹시나 해서 광산을 조사했고 단층이 문제임을 발견했다. 금광석은 더비가 포기한 곳에서 3미터 아래 지층에 있었던 것이다. 그는 더비가 파낸 곳에서 시작하여 굴착기로 더 파낸 끝에 막대한 양의 금맥을 발견하여 억만장자가 되었다.

만약 더비가 포기하지 않고 단 3미터만 더 파내려갔다면 어떻게 되었을까? 그는 금광맥을 찾기 위해 오랜 시간을 보냈고, 3미터의 몇 백 배가 되는 깊이를 파기 위해 피땀을 쏟았다. 그런데도 막바지에 겨우 3미터를 남기고 희망을 접어버렸고 엉뚱한 사람에게 행운을 넘겨줘버리고 말았다.

위의 이야기는 뚝심을 가지고 될 때까지 최선을 다하라는 교훈을 준다. 어느 분야든 성공 확률은 매우 희박하며 결코 쉽게 찾아오지 않는다. 수많은 난관 속에서 무수한 실패를 딛고 재차 시도하는 사람에게 성공의 기회가 찾아온다. 나폴레온 힐은 첫 번째 계획이 실패했다면 머뭇거리지 말고 새로운 계획을 세우라고 했다. 만일 그 계획이 수포로 돌아간다면 또 계획을 세우라고 했다. 이처럼 성공할 때까지 포기하지 않고 계획을 세워 추진하는 것이야말로 성공의 비결이라고 했다. 이는 비즈니스에서도 똑같이 적용된다.

경영컨설팅 전문 '한국기업경영원' 최진혁(49세) 대표는 2008년 창업해 현재 연 매출 20억을 거두고 있다. 본사에 15명, 지사에 50여 명의 직원이 있다. 최 대표는 컨설팅과 관련 없는 분야에서 경력을 쌓아왔다. 고등학교 졸업 후 울산의 모 중공업 회사에서 5년간 근무하다가 퇴직 후 백과사전 영업에 뛰어들었다. 한 가정 한 가정 최선을 다해 발로 뛴 결과 판매왕 타이틀을 얻었고 이후 모 컴퓨터 회사에 스카우트되어 뛰어난 영업 실력을 발휘했다. 이때 그는 영업 경력을 발판으로 자기만의 사업을 구상하여 화장품 회사를 직접 운영했지만 얼마 못가 실패하고 말았다.

이후 실의에 빠진 그는 아무 일도 하지 않고 집안에 박혀 살았다. 그런 그에게 작은아버지가 직업소개소라도 해보라고 권유하며 500만 원을 빌려주었다. 작은아버지의 격려에 용기를 낸 그는 무엇을 해야 할지 판단이 섰다.

'사업을 해온 내 경험으로 볼 때 경영자의 큰 고민거리는 자금이다. 그런데 상당수 기업체 경영자들은 정부의 중소기업 지원금 혜택을 잘 활용하지 못하고 있다. 이 지원금만 받아도 꽤 쏠쏠한 회사자금이 되는데 말이지. 여기다가 또 새나가는 돈을 줄일 수 있는 방안이 있지. 이것들만 잘 활용해도 목돈이 되고도 남지.'

실제로 정부가 중소기업에게 배분하는 각종 지원금은 종류가 많지만 시책에 따라 정책이 바뀌고, 매년 새로운 제도가 생겼다가 사라지기를 반복한다. 그래서 정신없이 사업에 몰두하는 경영자들은 지원금을 탈수 있는 방법을 모르는 경우가 많다. 게다가 회사 규모가 커갈수록 전기 요금과 4대보험료가 많아져 큰 부담이 되는데 이 또한 크게 절감할 수 있는 방안이 있었다.

그래서 의욕적으로 지금의 '한국기업경영원'을 세웠지만 현실은 기대와 달랐다. 사업주에게 도움이 되는 아이템으로 회사를 차렸지만 반응은 좋지 않았다. 고객을 잡기가 하늘의 별 따기처럼 어려웠다. 창업할 때만 해도 홍보만 잘하면 문전성시를 이룰 줄 알았는데 오산이었다.

예전의 영업자 마인드로 다시금 무장하는 수밖에 없었다. 과거 '판매왕' 타이틀을 땄던 영업자 자세로 돌아가야만 고객을 확보할 수 있었다. 역시나 될 때까지 현장에서 땀 흘리며 뛰는 영업을 통해 차츰 계약이 늘기 시작했고, 시간이 지나자 사업도 안정 궤도에 올라섰다.

"발로 뛰는 영업을 기초로 고객 한 명 한 명 직접 찾아가 만났습니다. 선뜻 만나주려 하지 않는 고객들에게도 뚝심을 갖고 될 때까지 반복해서 방문했습니다. 그러자 서서히 사업주들이 내 말을 귀담아 들어주더군요. 나는 행동으로 보여주었습니다. 실제로 그들은 손 하나 까딱하지 않았는데 통장에 돈이 입금되는 걸 보고 놀라더라고요. 그러자 고객들이 나를 신뢰하기 시작했고 입소문도 많이 났습니다."

1984년 LA 올림픽 레슬링 그레코로만형 페더급에서 금메달을 딴 김원기. 그는 보험설계사로 인생 2막을 열었다. 평생 운동만 해온 그가 놀랍게도 '보험왕'에 등극했다. 그에게는 뛰어난 화술, 사회생활 경력, 인맥 그 어느 것도 없었고 영업의 세계는 냉혹했다. 그의 유명세만 보고 선뜻 보험을 들어주는 사람은 없었다.

그런 그에게는 유일하게 뚝심이 있었다. 그는 보험 타깃으로 정한 사람과 함께 회사에 출근하고 같이 퇴근하는 일을 반복했다. 이는 그가 금메달을 따기 위해 훈련해 왔던 방식과 같았다. 아무리 몸이 좋지 않는 날에도 반드시 그날의 목표량을 채웠다. 이렇게 뚝심을 갖고 계약이 성사될 때까지 매일 그 사람과 출근하고 퇴근했다. 비가 오고 강추위가 몰아치는 날도 변함없었다. 이렇게 뚝심을 발휘하자 그의 정성에 감복한 고객들이 계약을 해주었다.

뚝심은 '굳세게 버티거나 감당하는 힘'이다. 처음 사업하는 사람이라면 누구나 높은 목표를 세운다. 그 목표만 생각해도 가슴이 설렌다. 하지만 시간이 흐르면서 목표 의식은 실종되고 만다. 언제 그런 목표를 세웠는지 까마득히 기억에서 사라져버리고, 현실에 안주하는 자신을 합리화한다. 왜 이런 일이 생길까? 목표가 달성될 때까지 굳세게 버티는 마음의 근력, 곧 뚝심이 없기 때문이다. 목표 달성을 위해, 원대한 목표만 세울게 아니라 강한 마음의 근력 뚝심을 길러야한다.

27

최고의 마케팅 비법은
고객만족 서비스

동네에 자주 찾는 한식집이 있다. 집 근처에 서너 곳의 한식당이 있는데 그 가게는 좀 멀다. 하지만 비 오는 날도, 추운 날도 가까운 가게를 놔두고 일부러 십여 분을 걸어서 그곳에 간다. 내가 먼 곳에 있는 그 가게를 찾는 이유는 뻔하다. 만족도가 매우 높기 때문이다.

그렇다고 가격이 다른 가게보다 저렴하진 않으며 대동소이하다. 대신 맛과 서비스 면은 최고다. 갈비탕을 예로 들면 진한 국물에다 쫀득쫀득한 고기 맛이 일품이다. 한번 이 맛을 들이면 다른 가게의 갈비탕 국물은 맹탕처럼 같고 고기는 퍽퍽하게 느껴진다. 50대의 여자 사장님은 가만히 카운터에 앉아서 계산만 하지 않는다. 손님이 문을 열고 들어가면 항상 밝은 표정으로 먼저 인사하고, 자리를 안내하면서 사근사근하게 말을 붙인다.

"얼굴이 환해지셨네요. 요즘 사업이 잘되시나 봐요?"

손님은 기분이 좋아질 수밖에 없다. 한번 온 손님은 반드시 무슨 일을 하는지, 어느 아파트에 사는지를 기억해 두고 다음에 오면 그걸 기억해서 말을 건넨다.

"인터넷으로 사업을 하신다던데, 저희 가게도 홍보하면 어떨까요?"

"요즘 S아파트 주민들이 많이 찾아주시네요. 사장님이 소문을 내주셔셔 그런가 봐요."

말로만 끝나는 게 아니다. 손님의 입맛을 알아두어 어떤 손님에게는 맵게, 어떤 손님에게는 싱겁게 음식을 만들어준다. 게다가 갑자기 비가 쏟아지면, 우산 없이 온 손님들에게 우산을 빌려준다.

이 가게는 특별한 홍보를 하지 않는다. 전단지 배포는 물론 온라인 마케팅도 전혀 하지 않는데도 나처럼 멀리 사는 사람까지 걸어서 오게 만든다. 일단 한번 찾으면 또 오고 싶게 만드는 매력을 지닌 이 가게는 변두리에 있지만 단골 손님들이 줄을 잇는다. 이 가게가 문전성시를 이루는 이유는 맛과 접객 서비스로 고객을 만족시켰기 때문이다.

맛은 훌륭하지만 서비스가 영 좋지 않아서 다신 가고 싶지 않은 식당도 있다. 반대로 서비스는 최고인데 맛이 별로여서 찾지 않는 식당도 있다. 맛도 서비스도 최하위여서 다신 가지 않는 경우도 있을 것이다. 이 세 경우 모두 고객 만족 점수가 하위권이다. 특히 사람을 상대하는 외식업에서는 고객 만족이 곧 최고의 마케팅 비법이라고 할 수 있으며, 이것이 장사의 성패를 좌우한다고 해도 과언이 아니다.

인천 부평역에서 'P 피자'를 운영하는 최민정(가명) 사장은 고객 만족을 매우 중시한다. 주변에 맛집이 많이 들어서 있고 유명 피자집도 두 개나 있다. 그 속에서 인지도 낮은 브랜드를 내걸고 오로지 고객에게 최상의 만족을 선사하자는 일념으로 달려온 결과, 현재 가게에 손님의 발길이 끊이지 않는다.

이 가게는 홍보 마케팅 비용을 과감히 없애고 대신 그 자금을 최고의 피자 품질을 만드는 데 투자했다. 여기에다 고객들에게 친절하게 대응했다.

"당장의 수익을 따지기보다는 최고의 피자를 대접하고, 정성과 친절을 다하려고 노력하고 있습니다."

서울 마포구 홍대 근처에서 '한상에 소두마리'를 운영하는 박재희(가명) 사장 역시 고객 만족을 지향한다. 최근 우후죽순으로 생긴 무한리필 고기집들은 대부분 싼 가격을 내세운 반면 고기 질이 떨어지는 게 흠이었다. 이 가게는 가격과 품질 두 마리 토끼를 모두 잡았다. 1만 원의 가격에 1등급 냉장 소고기와 프리미엄급 돼지고기를 내놓았다. 손님이 주문하면 그 즉시 고기를 잘라 내놓기 때문에 더더욱 맛이 일품이다.

서비스에도 만전을 기했다. 고깃집은 무엇보다 연기가 문제인데 이곳에서는 특별한 해결책을 내놓았다.

"저희 가게는 연기를 잡아주는 불판을 사용합니다. 특허받은 이 불판은 숯불이 필요하지 않아서 인건비도 절감되니 일거양득이죠. 무엇보다 연기를 불편해했던 손님들이 가게에서 연기가 나지 않아서 너무 좋다고 화색을 표합니다."

글로벌 특송업체 페덱스가 정상의 자리에 오른 건 우연이 아니다. 최상의 고객만족 서비스가 있었기에 가능했다. 페덱스의 CEO 프리데릭 스미스는 이렇게 말했다. "우리의 서비스 기준은 100퍼센트입니다. 다른 사람이라면 98 혹은 99퍼센트도 훌륭하다고 할 수 있지만 우리가 선택한 사업은 그렇지 못합니다. 우리의 고객은 언제나 한 치의 오차도 없는 서비스를 원합니다."

잭 웰치와 스티븐 코비의 《결단의 기술》에서도 고객 만족을 강조한다. 이 책에 따르면 고객의 75퍼센트는 제품과 서비스가 만족스럽지 않아도 만족스럽다고 대답한다고 한다. 따라서 고객의 우호적인 피드백을 걸러서 받아들여야 한다. 고객 만족 평가 점수가 높게 나왔다고 자화자찬하다가는 큰코다친다. 실제로 만족한 고객 가운데에서도 40퍼센트만 재구매로 이어진다고 하니 고객은 참으로 냉정하지 않는가? 이 책에서는 이렇게 말한다.

"날로 치열해지는 경쟁과 함께 고객들의 기대치 또한 점점 높아지는 오늘날, 그저 만족스러운 정도로는 결코 두각을 나타낼 수 없다."

고객은 2등 기업을 기억하지 않는다. 따라서 1등 기업이 되기 위해서는 마케팅 최고의 비결, 고객만족 서비스에 추호의 모자람도 없어야 한다. 목표를 99퍼센트가 아닌 100퍼센트로 잡아야 한다는 말이다.

28

상품에 대한 확신으로
시장을 개척하라

"1톤 트럭으로 이사를 한다고?"

부동산중개소 사장이 의아한 표정을 지었다. 짐도리로지스틱스 장우진 대표는 전단지를 든 채 우두커니 서 있다가 겨우 용기를 내 전단지한 장을 건넸다.

"이걸 보시면 이해되실 겁니다. 요즘 1인 가구가 많이 늘고 있으니까요…"

"그래도 그렇지, 달랑 1톤 트럭으로 이사가 되겠어? 잘 알았으니 거기 두고 가요."

장 대표는 전단지를 책상 위에 놓고 밖으로 나왔다. 눈앞이 캄캄했다. 그 누구도 '소형이사'를 이해하지 못했다. '1톤 트럭'이라는 말만 듣고서 그를 문전박대한 곳도 있었다. 사람들은 이삿짐을 다루기에 1톤 트럭은 말도 안 된다는 반응을 보였다. 돈이 없어서 겨우 1톤 트럭으로 뭘 해보려는 거 아니냐며 비아냥거리는 곳도 있었다.

'소형이사'에 대한 세상의 반응은 참으로 냉담했다. 장우진 대표는 IT 업계에서 뭐 하나 부러울 게 없이 지내다가 한순간의 착오로 부도를 맞았다. 이후 그는 버스비가 없어서 먼 거리를 매일 걸어 다니기도 했다. 한번은 스스로 생을 마감할 생각에 해남까지 찾아갔다가 그곳에서 마음을 고쳐먹었다.

'죽었다고 생각하고 다시 살아보자. 자금 없이는 욕심도 내지 말자. 내가 가장 잘할 수 있는 일은 무엇일까?'

이후 사업 아이템에 대한 연구에 들어갔다. 사업체를 운영한 경력이 있었기에 조심스럽게 아이템을 찾아갔다. 매일 신문을 보던 그에게 어느 날 번개가 내리꽂혔다. '1인 가구 증가'라는 문구가 눈에 확 들어온 것이다. 기사 통계를 보니 전체 가구에서 1인 가구가 차지하는 비중이 2000년도에 15.5%, 2005년도에 20%, 2010년에는 23.9%로 갈수록 증가하고 있었다. 이를 토대로 하면 1인 가구 시장은 분명 더욱 확대될 터였다. 1인 가구를 타깃으로 한 사업을 하면 좋을 듯했다.

시간을 두고 각종 자료를 살펴보니, 나올 만한 사업은 이미 거의 다 나와 있었다. 딱 한 가지만 예외였다. 아무리 찾아보아도 그 아이템으로 사업하는 사람이 없었다. 바로 1인 가구 타깃의 소형이사였다. 큰돈이 없던 그는 1인 가구만을 전문으로 하는 이사 서비스를 하면 좋겠다는 판단이 들었다. 최소 비용으로 1톤 트럭을 사서 무점포로 사업을 펼치면 되겠다고 생각했다. 이렇게 2013년 소형이사 전문 짐도리로지스틱스의 문을 열었다.

그러나 막상 전단지를 돌리려고 나오니 반응들은 참담했다. 그래도 실망하지 않고 매일 전단지를 돌렸다. 점차 한두 통 알음알음으로 연락이 왔고 자기 일처럼 최선을 다해 일했다. 이삿짐이 무거워도 불평하지 않았고, 늦은 밤에 호출해도 기꺼이 차를 몰았다. 짐도리로지스틱스를 경험한 사람들은 무엇보다 저렴한 가격에 만족했다. 곧 입소문이 나면서 고객이 급격히 늘어났다.

현재 짐도리로지스틱스는 '소형이사'의 대명사가 되었다. 불과 4년 만에 전국 240개의 가맹점이 오픈하여 연간 매출 4억여 원, 순수익 2억 원을 올리고 있다. 장우진 대표는 1인 가구 대상 소형이사라는, 기존에 없었던 '서비스 상품'에 대한 뚜렷한 확신이 있었다. 이를 바탕으로 소형이사의 개념을 생소해 하던 사람들의 편견에도 굴하지 않고 새 시장을 개척할 수 있었다. 장 대표의 도전은 현재 진행형이다.

"짐도리를 이용하시는 고객들에게 더 나은 소형이사 서비스를 제공하기 위해 많이 노력하고 있고 더 좋은 시스템을 만들기 위해 지속적으로 연구 개발 중입니다. 그리고 짐도리 창업은 포화상태의 창업시장에 소형이사라는 틈새시장을 개척하여 무점포 소자본창업으로 초기 비용을 최대한 절약할 수 있으며 땀을 흘린 만큼 값진 결과를 낼 수 있습니다."

아리베베는 유아 이불 전문 회사이다. 상품의 품질이 매우 뛰어나 입소문만으로 한 달에 천 세트 이상 판매되었다. 하지만 출산율이 갈수록 떨어지는 바람에 국내 시장만으로는 한계에 봉착하여 해외시장을 개척해야 했다. 중소기업인 아리베베는 수출 기술과 인프라가 거의 없었지만 오로지 상품 품질에 대한 확신을 갖고 외국의 문을 두드렸다. 그러자 제품의 우수한 품질에 반한 외국 바이어들이 연락을 해왔다. 결국 대만, 홍콩, 마카오, 태국, 중국 등에 제품을 수출해 아시아 시장을 개척할 수 있었다.

사업에서 상품에 대한 확신은 매우 중요하다. 영업적인 면에서 볼 때도 그렇다. 제품에 대한 자기확신이 없으면 아무리 좋아도 고객에게 어필하기 힘들다. 자신이 파는 제품에 대한 강한 확신이 있어야 빙산처럼 굳어 있는 고객의 마음도 녹여낼 수 있다. 2008년 동아일보에서 '영업의 달인 10인'에 선정된 방문 판매의 여왕 김정해는 이렇게 말한다.

"사람을 움직이게 하는 최선의 방법은 상대방의 마음속에 강한 욕구를 일으키는 것이라고 생각해요. 설득은 일단 협상이지요. 내가 취급하는 제품에 대한 확신을 가지고 협상에 들어갔을 때 좋은 결과가 있지 않나 생각합니다. 따라서 저만의 확신을 가지고 있어야 합니다."

시장의 문이 열려 있으면 누구나 쉽게 돈을 벌 수 있다. 하지만 사업을 하는 대부분의 사람들에게 시장의 문은 굳게 닫혀 있기 마련이다. 정성을 들여 만든 상품에 대한 강한 확신으로 굳게 닫힌 문을 뚫어야 하지 않을까?

29

믿음을 주고
홍보에 올인하라

"조류독감요? 그건 다른 가게나 문제되지 우리 가게는 아무런 문제가 안 돼요. 다른 가게 매출이 떨어질 때 우리 가게는 매출이 오히려 오른답니다."

충북 청주 M치킨점 최우영(가명) 사장의 말이다. 조류독감이 한번 덮치면 어느 브랜드 할 것 없이 매출이 뚝뚝 떨어지기 마련이다. 실제로 2006년 11월 AI가 발생해 치킨점 전체의 매출이 20~30% 하락했다. 그런데 이 가게는 같은 해 조류독감이 맹위를 떨칠 때에도 전혀 매상이 떨어지지 않았다. M치킨점을 믿는 단골 고객층이 두텁게 형성되어 있기 때문이다.

사실 익히거나 구운 닭고기는 전혀 문제없다는 건 누구나 다 알고 있는 사실이다. 그런데도 소비자들은 혹시나 해서 평소 즐겨 먹던 치킨을 입에 대지 않는 경향이 있다. 아무리 매스컴에서 인체에 무해하니 안심하고 먹으라고 해도 소용없다. 그래서 조류독감이 발생할 때마다 전국 치킨점이 울상을 짓는다. 그런데 이 가게는 고객과의 믿음이 형성되어 있어 단골들은 안심하고 치킨을 주문한다. 고객들은 이구동성으로 말한다.

"유명 브랜드 치킨보다 최 사장님의 치킨이 제일 안심이 돼요. 치킨은 아이들이 즐겨 먹는 음식이기 때문에 더 신경 쓰이는데, 이 집 치킨은 딱 보면 정성 그 자체에요. 거기다가 사장님이 이웃집 가장처럼 손수 친절하게 배달해 주시거든요. 그래서 항상 주문하고 있어요."

"가게를 몇 번 찾아 갔었는데 어찌나 깨끗하던지 참 좋더라고요. 하나를 보면 열을 안다고, 배달 음식 전문점이라고 매장이 지저분한 곳도 있잖아요? 그런데 사장님 부부가 함께 가게를 청결하게 유지하는 걸 보면 꽤 믿음직스럽더라구요."

고객에게는 무엇보다 이미지가 중요하다. 최 사장은 정성스럽게 만들고, 친절하게 배달하며, 청결하게 매장을 관리한다는 이미지를 고객에게 각인시켰다. 이로써 고객과의 돈독한 신뢰를 맺는 데 성공했다. 고객들은 이 신뢰의 고리 때문에 조류독감으로 매스컴이 떠들썩할 때에도 늘 이 가게에 치킨을 주문한다.

최 사장 역시 고객과의 신뢰를 중시하기 때문에 반드시 지키는 철칙이 있다. 입소문이 나면서 거리가 먼 곳에서도 하루 여러 건의 주문이 들어오지만 그는 절대 배달하지 않는다.

"배달 지역을 넓히면 아무래도 치킨이 식기도 하고배 달이 늦어질 수 있습니다. 그렇게 되면 고객과의 믿음이 깨져버리거든요. 그래서 우리 가게는 배달 지역을 인근으로 한정시켰습니다. 이곳의 고객들에게만 충실하기에도 벅찹니다."

이 가게도 처음부터 잘되었던 것은 아니다. 최 사장은 오랜 직장생활을 끝내고 자기 사업을 시작했다가 몇 차례 실패를 맛보았다. 마지막으로 치킨점을 하기로 했고, 문 닫은 변두리의 치킨점을 인수했다. 처음 가게를 열었을 때는 암담했다. 하루 열 마리도 팔기 힘들었다. 부부는 손을 모으고 절박한 마음으로 마주 앉았다. 그들 앞의 탁자 위에는 몇 달간 버틸 수 있는 최소한의 생계비와 그를 제외한 목돈이 놓여 있었다. 최 사장이 말했다.

"마지막이라고 생각하고 홍보에 전 재산을 쏟아 부읍시다. 죽기 살기로 해야 살아남을 수 있을 거예요."

이후 대대적인 홍보에 집중했다. 고급스럽게 만든 전단지를 인근 지역에 매일같이 돌렸고, 차량을 끌고 번화가에 가서 무료 시식회를 했다. 사은품도 아낌없이 나누어 주었다. 그런데도 반응은 더디게 왔지만, 점차 꾸준히 증가세를 보였다. 몇 개월이 지나자 조금씩 매상이 오르기 시작했고, 1년이 지났을 때는 매상이 두 배가량 올랐다. 2년 뒤부터는 매월 1천5백 마리를 꾸준히 팔게 되었고 지금은 연 매출액 2억 원대가 되었다.

M치킨이 소극적으로 나왔다면 이런 결과를 내기는 불가능했을 것이

다. 최 사장은 모든 걸 홍보에 쏟아 부어 브랜드를 알렸고, 이런 끝에 고객을 확보할 수 있었다. 현재도 그는 홍보에 월 60~70만 원을 지출할 정도로 홍보에 만전을 기하고 있다.

수많은 영업자가 있다. 이 가운데 고객의 마음을 사로잡는 영업자는 신뢰를 주는 영업자다. 신뢰는 어떻게 해야 형성될까? 고객이 영업자를 자신에게 도움을 주는 사람이라고 생각할 때 비로소 믿음이 생긴다.

지그 지글러의 《클로징》에서도 세일즈에서 신뢰가 중요하다고 강조한다. 그는 신뢰를 상실한 세일즈맨은 마치 열두 살짜리 아이와 같다고 한다. 열두 살짜리 아이가 부동산 세일즈의 상담기술을 배워 토씨 하나 틀리지 않고 고객에게 상담을 한다고 하자. 어떤 고객이 그 아이의 말에 믿음을 갖고 큰돈을 투자하겠는가? 단 한 명도 투자하지 않을 것이다. 신뢰가 가지 않기 때문이다. 세일즈맨에게 신뢰성은 생명과 같다.

또한 새로운 고객을 발굴하기 위해 영업자는 꾸준히 자신을 알려야 한다. 그래야 알아보고 고객이 전화를 걸어온다. 가만히 앉아 있는 영업자는 아무도 찾아주지 않는다. 믿음과 홍보, 이는 모든 분야의 창업자에게 해당되는 말이다.

30

최고가 되기 위해 끊임없이 연습하라

　창업 준비생치고 대박을 원하지 않는 사람이 있을까? 그들 중 상당수는 설익은 기술과 상품을 가지고 대박을 원하지만 현실은 그리 녹록치 않다. 대박은커녕 쪽박을 차기 십상이다. 하지만 극소수의 사람은 최고의 기술과 상품을 가지고 기어코 대박의 꿈을 이룬다. 대박을 내기 위해선 고객에게 내보일 기술과 상품을 최고 수준으로 유지해야 한다.

　그런데 처음부터 최고 수준의 기술과 상품을 갖기란 불가능하다. 시작은 크게 주목을 받지 못하더라도 꾸준히 연습해야 그 분야의 1등 실력을 갖출 수 있다. 스포츠 분야만 봐도 박지성, 김연아, 이상화 다 그렇다. 꾸준한 연습으로 세계적인 스타가 되었다.

　말콤 글래드웰의 《아웃라이어》를 보면, 어느 분야에서든 세계적인 수준의 전문가가 되려면 1만 시간의 연습이 필요하다고 한다.

"작곡가, 야구선수, 소설가, 스케이트 선수, 피아니스트, 체스 선수, 숙달된 범죄자, 그밖에 어떤 분야에서든 연구를 거듭하면 할수록 이 수치를 확인할 수 있다. 1만 시간은 대략 하루 세 시간, 일주일에 스무 시간씩 10년간 연습한 것과 같다. 물론 이 수치는 '왜 어떤 사람은 연습을 통해 남보다 더 많은 것을 얻어내는가'에 대해서는 아무것도 설명해주지 못한다. 그러나 어느 분야에서든 이보다 적은 시간을 연습해 세계 수준의 전문가가 탄생한 경우를 발견하지는 못했다. 어쩌면 두뇌는 진정한 숙련자의 경지에 접어들기까지 그 정도의 시간을 요구하는지도 모른다."

그에 따르면 모차르트, 비틀즈, 빌 게이츠 등 소위 세기의 천재들 역시 꾸준한 연습이 있었기에 가능했다. 이 책에서 말콤 글래드웰이 강조하는 건 최고가 되기 위해선 부단히 연습하라는 점이다.

창업 분야에서 출발은 미미했지만 꾸준한 연습으로 나중에 창대해진 두 케이스가 있다. 먼저, 프리미엄 헤어숍 '라뷰티코아' 현태 대표다. 현재 이 헤어숍은 전국 20개 넘는 매장을 가지고 있을 뿐만 아니라 외국에도 진출해 있다. 이렇게 대박을 치는 헤어숍이니까 현태 대표는 원래 최고의 실력자였을까? 그렇지 않다.

놀랍게도 그는 미용업계와는 전혀 관련 없는 길을 걸어왔다. 가난 때문이었다. 그는 중학교를 졸업한 이후 나이트클럽, DJ, 현장 일용직 등 닥치는 대로 일했다. 그런 그가 자기만의 일을 해야겠다고 고민한 끝에 헤어디자이너가 되기로 하고 무작정 미용실 밑바닥 일을 시작했다. 아무런 기술이 없던 그는 하나하나 성실히 배우는 자세로 일했다.

"그때부터 최고가 되기 위해 밤낮없이 연습에 매달렸습니다. 특히 모발 손상의 최대 적인 열을 제대로 다루기 위해 고데기와 드라이에 시간을 많이 할애했죠."

이렇듯 그는 일에 대한 자세가 남달랐다. 대충 일을 배우는 데에서 끝내는 것이 아니라 최고가 되기 위해 연습을 반복했다. 그런 그는 일본 유학까지 다녀왔다. 이런 그의 성실함이 인정받아 당대 최고 미용실 스텝으로 들어가게 되었다. 바로 여기에서 기회가 찾아왔다.

어느 날 탤런트 고소영이 미용실을 방문했다. 그는 그동안 자신이 갈고 닦은 실력을 마음껏 발휘했다. 그의 손길이 닿은 머리는 곧 장안의 화제가 되었고, 그는 단박에 스타덤에 올랐다. 이렇게 해서 2003년 자신의 숍 '라뷰티코아'를 세울 수 있었다.

다음 사례로, 필리핀에서 떡볶이 월 매출 1억 신화를 이룬 '서울 시스터즈'의 안태양 대표를 들 수 있다. 지금이야 큰 성공을 거두었지만 결코 쉬운 일이 아니었다. 무엇보다 안 대표는 요리 전문가도 아니었고 사업 경험은 더더욱 전무했다. 그런데도 안 대표는 겁 없이 필리핀 야시장에서 동생과 함께 떡볶이 장사를 시작했다. 워낙 자금이 부족했던 터라 매장을 얻을 형편이 되지 못해 차선책으로 야시장을 택했다.

첫날 떡볶이를 무려 100인분을 준비하면서 의욕적으로 장사를 시작했다. 한류가 인기를 끌기 때문에 한국 음식인 떡볶이도 불티나게 팔릴 줄 알았지만 오산이었다. 고작 딱 2인분만 파는 데 그쳤다.

두려운 일은 계속 이어졌다. 다음 날도 또 다음날도 매상이 바닥을 쳤다. 이대로 가면 집 전세금을 빼서 마련한 사업자금을 몽땅 날릴 판이었다. 안 대표는 앞날이 막막한 나머지 밤마다 눈물을 흘렸다. 이대로 가다간 망하는 건 시간 문제였다. 마음을 다잡은 그는 좀 더 시간을 두고 고객에게 다가갈 수 있도록 잘 준비해야겠다고 생각했다.

"6개월 정도가 걸렸다. 첫 주에는 2인분, 그 다음 주에는 3인분을 팔았고 그렇게 계속 매출이 10만 원을 못 넘었다. 하지만 나나 동생이나 전부를 걸고 시작한 일이기 때문에 포기할 수 없었다. 그래서 공부를 시작했다. 장사 관련 서적, 기사, 영상 등 볼 수 있는 자료를 모조리 찾아서 보고 공부했다. 책만 100권 이상 읽었다. 조금씩 소비자와 판매자의 입장이 어떻게 다른지 이해할 수 있었다."

공부한 것을 실제 장사에 빠뜨림 없이 반영했고, 실전처럼 반복 연습해 나갔다. 그런 끈질긴 연습 끝에 필리핀 사람들의 입맛을 사로잡을 수 있었다. 이렇게 해서 6개월이 지난 후 첫 대박을 터트렸다.

'라뷰티코아'의 현태 대표, '서울 시스터즈'의 안태양 대표, 둘의 공통점은 두 가지이다. 그 분야에서 초짜였다는 점과 대박을 쳤다는 점이다. 초짜가 대박을 칠 수 있었던 것은 큰 자본금, 인맥, 요행 때문이 아니었다. 그들의 대박 비결은 최고가 되기 위한 부단한 연습에서 찾을 수 있다.

세계 최고의 연설가 처칠은 원래 말 더듬는 증상이 있었지만 꾸준한 스피치 연습으로 그것을 극복해냈다. 프레젠테이션의 대가 스티브 잡스는 소심한 성격 때문에 대중 앞에 설 때면 울렁증이 심했지만 프레젠테이션을 위해 몇 주간 연습을 거듭한 결과 명연설가로 거듭났다. 부단한 연습으로 최고가 되어야 사람들로부터 인정받을 수 있다.

비즈니스에서는 특히 그렇다. 어느 업종에서든 처음부터 최고의 실력으로 시작하기란 쉽지 않다. 그러나 꾸준히 노력하면 언젠가 최고가 될 수 있다. 일단 최고가 되면, 고객 확보 문제는 신경 쓰지 않아도 된다.

31

대박의 첩경은
네이버 카페이다

"1초에 58명씩 찾아오고, 1초에 세 건씩 거래가 되지요. 지금 제가 말하는 동안에만 벌써 거래 9건이 등록됐어요. 그 사이 174명이 왔다 갔고요……."

네이버 카페 '중고나라' 이승우 대표의 말이다. 현재 이 카페의 회원 수는 1600만 명이 넘는다. 대한민국 국민의 10명 중 3명이 가입되어 있다는 말이다. 2016년 기준으로 이 카페의 월 매출액은 6억 원으로 공 공구매 5억 원, 배너광고 1억 원이다. 이승우 대표는 오픈마켓인 지마 켓, 옥션, 11번가나 소셜커머스 쿠팡, 티몬, 위메프 그리고 아마존도 전혀 부럽지 않다.

이승우 대표는 대학교 2학년 때 중고나라 카페를 열었다. 당시에는 이처럼 큰 사업이 될 줄 꿈에도 몰랐다. 이 대표는 페이팔 같은 에스크로 기반 결제시스템을 활용한 사업을 구상하다가 중고물건을 거래하는 아이템을 생각해냈다. 당시만 해도 중고물건 거래는 '벼룩시장'을 통해 오프라인 중심으로 이루어지고 있었다.

'온라인 중고물건 거래를 하자. 요즘은 대부분의 사람들이 온라인으로 검색해서 물건을 사고팔고 있잖아. 온라인이 대세야.'

그래서 중고거래 카페를 개설했다. 별도의 오프라인 사무실을 마련하지도 않고, 직원도 구하지 않고 지인 3명과 함께 카페를 운영했다. 이 대표는 훗날 오프라인에서 다양한 사업을 시도해 보고, 쇼핑몰 사이트도 개설해 봤다. 그런 그가 중고거래 사업 아이템을 생각했을 때, 별도의 사이트를 개설할 필요성을 느끼지 않았다. 네이버 카페를 개설하는 것만으로 검색 시 상단 노출 홍보가 되기 때문에 회원 수를 크게 늘릴 수 있다고 판단했기 때문이다.

그의 예상은 적중했다. 조금씩 늘어가던 회원 수가 2008년 세계 금융위기로 경기가 침체되자 폭발적으로 증가했다. 주머니가 가벼워지면서 소비자들이 새 제품보다는 중고제품에 눈을 돌리기 시작하면서, 중고품에 대한 인식에 대대적인 변화가 찾아왔다. 그러자 수백만 명 단위였던 회원 수가 1천만 명으로 증가했다.

현재 이 대표는 '중고나라'를 법인으로 바꾸어 다양한 온라인 사업을 펼치고 있다. 만약 그가 중고 카페가 아닌 중고 거래 사이트를 만들었다면 지금 같은 성과를 낼 수 있었을까? 절대 불가능하다. 회원들의 소통을 지향하는 네이버 카페를 활용했기에 지금의 중고나라가 있을 수 있었다.

"페이스북은 누군가와 소통하고자 하는 인간의 본성을 기반으로 성장한 곳이다. 중고나라도 소통의 창구 역할을 하고 싶다. 중고나라와 기존 온라인쇼핑몰의 가장 큰 차이는 중고나라에서는 네티즌들끼리 자유롭게 의견을 교환할 수 있다는 점이다. 누군가 물건 하나 올리면 묻고 답하고 칭찬하고 화내고… 이건 정말 큰 차이점이다."

농수산물 직거래 네이버 카페 '농라'도 그렇다. 2012년 개설된 후 2017년에 회원 수가 20만 명을 돌파했으며, 개별 판매자의 매출액이 월 20억이 넘는다. '농수산물 직거래' 키워드를 네이버에 검색하면 무수히 많은 쇼핑몰 사이트가 뜬다. 이 많은 경쟁자를 어떻게 후발 주자인 '농라'가 따돌릴 수 있었을까?

그 방법은 네이버 카페에 있다. '농라'의 김윤경 대표는 별도의 쇼핑몰 사이트를 개설하지 않았다. 쇼핑몰 사이트로는 기존의 쟁쟁한 쇼핑몰 사이트와 경쟁해서 살아남을 길이 없었기 때문이다. 그래서 네이버 카페의 소통 기능을 최대한 활용하기로 했다.

이 전략은 먹혀들었다. 규격화된 쇼핑몰에 식상해 하는 소비자들이 대거 카페로 유입되었다. 회원은 누구나 자유롭게 의사 표시와 정보 공유를 할 수 있어서 소비자가 제일 궁금해 하는 직거래 후기를 적나라하게 볼 수 있다. 그래서 소비자들이 거대 쇼핑몰을 제치고 '농라' 네이버 카페에 몰리고 있다. 같은 소비자들의 선택을 믿을 수 있기 때문이다. 현재의 '농라'가 있기까지 김 대표의 세심한 카페 관리 노고를 빠뜨릴 수 없다.

"판매자와 소비자 사이 문제 해결에만 하루에 5~6시간씩 매달리고 있습니다. 기존 유통 플랫폼을 벗어나 소중한 먹을거리를 사고파는 주변 사람들을 위해 일한다는 마음으로 시작했기 때문이죠. 앞으로 부족한 점을 더욱 개선해 나갈 것입니다."

'중고나라'와 '농라'의 대박을 이끈 일등 공신은 네이버 카페이다. 창업 아이템을 네이버 카페로 잘 포장해 놓은 것이 지금의 성공을 연출해낸 비결이다. 많은 사람들이 다양한 업종에서 다양한 아이템으로 창업을 꿈꾸면서 오프라인과 온라인의 홍보, 마케팅에 만만치 않은 비용을 지출한다. 그러면서 정작 돈 한 푼 들지 않는 네이버 카페를 간과하는 경우가 적지 않다.

네이버 카페를 꾸준히 잘 관리만 하면 막대한 홍보, 영업 효과를 창출할 수 있다. 자유로운 의사소통 속에서 급속도로 회원 수가 증가하게 되고, 검색 상단에 노출이 된다. 시간을 두고 잘 키운 네이버 카페의 회원들은 저절로 사업을 잘 굴러가게 만들어준다.

특히 경쟁이 덜 치열한 아이템일수록 카페 전체 회원 수가 얼마 안 되어도 단기간에 매출과 수입에 상당한 기여를 하는 게 바로 네이버 카페이다. 따라서 어차피 시작한 사업 1~2년 안에 그만둘 게 아니라면, 지금 바로 네이버 카페를 시작하는 것이 좋다. 블로그보다 시간과 노력이 좀 더 들겠지만, 긴 안목으로 볼 때 나중에 다른 사업 아이템을 추가 런칭한다든지, 업종을 변경해서 다른 사업을 진행할 때 큰 이점이 있다. 한번 만들어 놓은 회원 수는 금방 없어지는 게 아니므로 네이버 카페를 리노베이션 즉, 다시 개조해서 그 아이템에 맞는 사람들로 언제든 다시 꾸밀 수 있다. 이렇듯 그때그때마다 사업을 진행하는 동안에 네이버 카페를 통해 엄청난 도움을 받을 수 있다는 사실을 꼭 잊지 말자. 외식업이든, 쇼핑몰이든, 서비스업이든, 제조업이든 대박의 첩경은 네이버 카페이다.

32

고객의 마음을 훔치는
대박 전략

'기존 사업을 재 정의하고, 단점을 개선하라!'

"왜 오늘 카드 매출이 내일 오전에 입금되는데 '카드매출 즉시 결제 서비스'라고 하죠?"

2014년 '비즈코디' 김명찬 대표가 P팀장에게 물었다. P팀장은 10년 넘게 그 서비스 사업을 하는 회사에 근무하고 있었다. P팀장이 명쾌한 답을 주지 못했다.

"흐음, 처음부터 다들 그렇게 불러서 그렇게 된 걸로 아는데요."

"팀장님, 생각해 보세요. 당일이나 익일 입금되는 서비스인데 어떻게 '카드매출 즉시 결제'라고 할 수 있겠습니까? 잘못 이름 붙여진 겁니다. 정상적으로 하면, '카드매출 즉시 입금 서비스'라고 해야 되지 않겠습니까?"

"하하, 듣고 보니 그러네요."

"그러면 저는 기존의 명칭과 다른 '카드매출 즉시 입금 서비스' 사업을 하겠습니다. 기존 명칭의 사업이 정체되었다고 들었습니다. 하지만 전 새 상품명을 걸고 단점을 개선해서 반드시 성공할 겁니다."

2014년 김 대표는 인터넷에서 유망한 사업 아이템을 찾아냈다. 대박을 터트릴 만한 것이었다. 그게 바로 카드매출 즉시 결제 서비스다. 그런데 시장조사를 해보니, 그 아이템은 새로울 것이 없었다. 무려 이미 17년 전에 출시된 서비스였다. 600만 중소상공인들에게 폭발적인 반응을 얻을 것으로 생각됐었지만 현실은 그렇지 않았다.

시간을 내서 알아본 결과는 이랬다. 1억 원 이상의 사업장 위주였고, 가입 과정이 까다로우며, 고정적인 서비스 비용이 만만치 않았다. 그래서 김명찬 대표는 기존 사업명과 다른 새 명칭을 달면서 사업을 재 정의했다. 중소상공인이면 아무나 가입할 수 있고, 쉽게 가입 가능하며, 서비스 비용을 무료로 하는 것을 목표로 잡았다. 이렇게 해서 최종적으로 다음과 같은 서비스를 만들었다.

① 카드매출 익일 입금 서비스
② 카드매출 누락 확인 서비스
③ 카드매출 1초 정산 서비스
④ 고정비 절감 컨설팅 서비스

⑤ 사업장 재무 컨설팅 서비스

⑥ 30일 무상체험 서비스 제공

　원칙적으로 온라인의 경우 무료서비스이지만, 온라인과 오프라인 통합 서비스는 하루 2,200원이라는 저렴한 비용이 책정되었다. 여기서 눈여겨 볼 곳은 4번의 '고정비 절감 컨설팅 서비스'다. 장사를 하는 분이라면 다들 고정비 지출에 대한 고충이 크다. 식자재 비용, 광고비용, 세무 비용, 화재보험 비용, 보안서비스 비용, 정수기 비용 등 소요되는 비용이 막대하다. 아무리 땀 흘려 돈을 벌어도 밑 빠진 독처럼 많은 고정비가 줄줄 새는 게 현실이다. 비즈코디는 회원들의 공동 구매를 유도해, 이 문제를 해결했다. 고정비를 크게 줄일 수 있으니 중소상공인들의 입장에서 너도 나도 환호했다.

　이를 기반으로 짧은 기간에 비즈코디는 고속으로 성장할 수 있었다. 현재 매출액이 1,800억 원 가량이며 본사 직원 20명에 직영점 직원이 50명이다. 이 과정에서 비즈코디는 '창사영'을 통해 우수한 역량의 가맹점과 영업자를 만났고, 이들의 활약에 힘입어 폭발적으로 매출이 증가했다. 이에 대표님이 직접 창사영에 감사 글을 올려주셨다. 그 글은 다음과 같다.

　"우리나라에는 엄청난 아이템과 너무나도 획기적인 아이템들이 많습니다. 하지만 파트너모집, 마케팅 실패를 통해 획기적인 아이템들이 먼지처럼 사라지곤 합니다. 하지만 창사영을 통해 정말 좋은 파트너를 만나게 되어서 비즈코디 사업 확장이 순조롭게 진행되고 있습니다."

2017년에는 '비즈코디' 아이템의 우수성과 성공 사례가 언론을 통해 기사화되었는데, 비즈코디는 대한민국 우수상품 대상, 국회 기획재정부 대상을 수상했다. 간신히 연명하기도 힘든 창업 시장에서 어떻게 해서 비즈코디는 성공 가도를 달릴 수 있었을까? 성공 포인트는 바로 기존 사업에 대한 재 정의와 함께 기존 사업의 단점을 개선했기 때문이다.

15년여 동안 기존의 기업들은 동일한 아이템을 '카드매출 즉시 결제 서비스'라는 이름으로 사업을 하다가 한계에 봉착했다. 이때 김명찬 대표는 새로운 이름 '카드매출 즉시 입금 서비스'을 지어 기존 아이템을 재 정의했다. 기존 기업과 비즈코디의 서비스 명은 결국 '결제'와 '입금' 두 단어 차이에 불과하다. 하지만 이 사소한 차이가 엄청난 결과를 낳았다. 고객의 입장을 생각해 보면 간단하다. 수중에 돈이 들어오는 것에 포커스를 둔 '입금'서비스 명칭이 훨씬 낫다. 이와 함께 이름만 바꾸는 것에 그치지 않고, 기존 사업을 면밀히 분석하여 단점을 개선했다. 그 결과 나온 것이 무료서비스다. 이렇게 해서 비즈코디는 대박을 터뜨렸다. 비즈코디 김명찬 대표는 말한다.

"내가 창업한 카드매출 즉시 입금 서비스는 이미 17년 전에 만들어진 상품입니다. 다들 이 아이템으로는 사업을 할 수 없다고 저를 말렸습니다. 하지만 나는 새 이름을 짓고 사업을 재 정의하고 나서 기존 기업의 문제점을 개선하려고 노력했습니다. 그러자 확신이 들었습니다. 이건 절대 실패하지 않는다는 믿음 말입니다."

급변하는 시대일수록 비즈니스에서 사업의 재 정의가 중요하다. 제품을 판매하는 기업 입장의 1차원적 정의에서 탈피해 고객 입장의 3차원적인 재 정의가 요구된다. 이때 필요하다면 제품 명칭을 과감히 바꿔야 한다. 이와 함께 상품의 질을 보완한다면 고객의 사랑을 독차지 할게 분명하다.

대한민국 장사 천재들

5부
위기와 실패를
성공으로 바꾸는 전략

33

실패를 만드는
'깨진 유리창'을 없애라

"모든 걸 다 잘 갖췄는데 왜 망했는지 잘 모르겠습니다. 아이템도 최고고, 상권도 홍대에서 제일 사람들이 많이 몰리는 지하철역 근처고, 홍보에서도 전단지를 통해 바이럴 마케팅에 많은 돈을 썼습니다. 그런데 왜 점포 문을 닫게 됐는지 이해가 안 돼요."

최근 젊은 층 사이에서 핫한 치즈 등갈비로 가게를 연 이진호(가명) 사장의 하소연이다. 치즈 등갈비 아이템으로 문을 연 가게들 앞에 손님들이 줄을 선다는 소문을 접한 그는 부푼 꿈을 안고 가게를 열었다. 그런데 이게 웬일인가? 주변의 다른 가게는 다 장사가 잘됐는데 그의 가게는 첫 한 달만 반짝했을 뿐, 이후 손님들의 발길이 뚝 끊겼다.

"혹시 음식 맛이 떨어져서 그랬던 게 아닌가요?"

"절대 그렇지 않습니다. 호텔 20년 경력의 셰프를 주방장으로 채용했습니다. 손님들도 치즈 등갈비 맛이 좋다고 얘기했어요."

"그럼 인접한 곳에 다른 치즈 등갈비 가게가 있었습니까?"

"아뇨, 우리 가게 근처 반경 7백 미터 내에는 치즈 등갈비 가게가 없어요. 다른 가게로 가려면 골목골목으로 걸어서 가야 합니다."

참으로 이상한 일이 아닌가? 가장 핫한 아이템으로 모든 조건을 최상으로 갖추었는데 장사를 접어야 했다니. 그러나 이런 케이스는 결코 생소한 게 아니다. 오히려 최상의 조건을 갖추기만 하면 장사가 잘된다고 생각하는 것이 잘못이다. 만약 그렇다면 자본금 두둑한 사람은 단한 명도 망할 이유가 없다. 현실은 그렇지 않다. 아무리 많은 투자를 해서 좋은 조건을 잘 갖춰도 망하는 가게가 나온다. 실제로 우리 주변에 문을 닫는 음식점을 보면 그렇다. 잘된다는 유명 외식 프랜차이즈의 가맹점으로 오픈해도 다 잘되지 않는다. 모든 조건을 균일하게 갖춘 유명 프랜차이즈 음식점 중에서도 망하는 가게가 나온다. 왜 그럴까?

사소하지만 치명적인 문제 곧 '깨진 유리창'을 방치하기 때문이다. 이는 마이클 레빈의 책 《깨진 유리창의 법칙》에 근거한 말이다. 불친절한 고객 대응 서비스, 완전하지 않은 상품, 불결한 화장실, 사용하기 불편한 홈페이지 등의 사소한 문제가 고객의 불만을 야기함으로써 기업에 위기를 불러온다고 주장이다. 그렇기 때문에 사소하지만 치명적인 '깨진 유리창'은 반드시 수리해야 한다. 깨진 유리창의 5가지 특징은 다음과 같다.

깨진 유리창의 특징 5가지

① 사소한 곳에서 발생하며 예방이 쉽지 않다.

고객의 눈에는 잘 띄지만 경영자들에게는 잘 보이지 않아 무심코 지나치고 만다.

②문제가 확인되더라도 소홀하게 대응한다.

깨진 유리창을 발견한다 해도 '그 정도쯤이야'라며 대부분 심각하게 생각하지 않는다. 그러다 큰 봉변을 당하고 만다.

③문제가 커진 후 치료하려면 몇 배의 시간과 노력이 필요하다.

깨진 유리창이 입소문을 통해 퍼진 후에는 이미지에 큰 타격을 입는다. 초기에 빠르고 적절히 대응하지 못하면 미래가 불투명해진다.

④투명 테이프로 숨기려 해도 여전히 보인다.

깨진 유리창에 대한 임시방편의 조치나 부적절한 대응은 오히려 기업에 더 나쁜 영향을 주게 된다. 진심이 담긴 수리만이 살길이다.

⑤제대로 수리하면 큰 보상을 가져다준다.

사소하게 보이는 깨진 유리창을 수리하면 새로운 시장을 개척할 수 있다. 고객들에게 긍정적인 브랜드 이미지를 심어줄 뿐만 아니라 수익 면에서도 큰 성공을 기대할 수 있다.

이처럼 사소해 보이는 '깨진 유리창'은 결코 만만하게 볼 문제가 아니다. 이를 간과하고 방치하기 때문에 최상의 조건을 갖춘 사업도 실패하는 일이 생긴다. 깨진 유리창 때문에 실패하는 경우는 모든 분야의 비즈니스에 해당한다. 이러한 '깨진 유리창의 법칙'은 경영 일반에 적용할 수 있다.

그렇다면 창업 희망자들이 유의해야 할 '깨진 유리창'에는 어떤 게 있을까? 치즈 등갈비 가게를 접은 최진호 대표에게 해당하는 것 말이다. 창업 희망자들을 실패의 수렁으로 몰고 가는 '깨진 유리창' 4가지는 다음과 같다.

① 목표와 계획의 부재

목표와 계획이 없는 상태에서 비즈니스를 하는 건 나침반 없이 밀림에서 살아남기와 같다. 참으로 위험천만한 일이다. 치밀한 목표를 세우고 악착같이 달려들어야 치열한 세계에서 생존할 수 있다. 여윳돈을 굴려서 돈 좀 벌어보겠다거나, 특별히 할 일이 없어 창업하겠다는 안일한 사고는 위험하다.

→ 월 단위, 연 단위 목표를 세우고 하나에서 열까지 로드맵을 짜야 한다.

② 자신감 부재

자신감 없는 창업자의 매장에서는 칙칙하고 축 처진 분위기가 감돈다. 이래서는 결코 고객의 마음을 끌어당길 수 없다. 고객은 활기차고 환한 분위기의 매장을 좋아하고 한 번이라도 더 가고 싶어 한다.

→ 창업자는 매사에 자신감으로 충만해야 한다. 그래야 좋은 기운으로 고객을 사로잡을 수 있다. 매상이 오르지 않는다고 절대로 자신감을 상실해서는 안 된다.

③ 체면과 자존심, 고집

은근히 과거의 경력과 지위를 내세우는 자영업자들이 있다. 과거의 영화에 집착하고 현실을 직시하지 못하는 사람들이다. 고객은 이들에게서 좋지 않은 인상을 받게 된다.

→ 자영업자가 되는 순간 가장 낮은 자세로 환골탈태해야 한다.

④ 고객의 입장 도외시

비즈니스의 성패를 결정하는 건 고객이다. 쉽게 말해 창업자의 목숨 줄이 고객의 손에 달렸다는 말이다. 그런데도 한 명 한 명 고객의 입장을 고려하지 않으면 되돌릴 수 없는 위기가 닥쳐온다.

→ 상품, 접대 서비스, 매장 관리 등 모든 면에서 고객이 어떻게 판단할지 늘 점검하고, 잘못된 점을 개선해 나가야 한다.

34

긴 호흡을 가지고
꼼꼼히 준비하라

"사업은 결코 마음먹은 대로 되지 않고 쉽게 대박이 나지도 않습니다. 아무리 좋은 아이템에 획기적인 제품으로 한다고 해도 마찬가집니다. 사업은 기다림과 또 기다림이 필요합니다. 자기 기준으로 '어느 한 시점이면 잘될 거다'라는 건 절대 없습니다. 만반의 준비를 해서 시장과 고객을 기다려야 합니다."

친환경생활용품 S사 최효제(가명) 대표의 말이다. 이 회사는 억새 젓가락, 옥수수 종이컵을 비롯해 물티슈, 주방용품, 세제, 침구세트 등 200여 종의 친환경 제품을 전문으로 제조 판매하고 있다. 5년 전에 설립되어 매년 200%의 고성장을 이뤄냈고, 충성도 높은 친환경 제품 마니아 회원 수천 명을 확보하고 있다.

이처럼 남부럽지 않은 회사이지만 사업 초기에는 큰 위기가 있었다.

환경 운동을 하던 최 대표가 의욕적으로 첫 친환경 제품인 억새 젓가락과 옥수수 전분을 코팅한 종이컵으로 사업을 할 때는 모든 게 잘 풀릴 줄 알았다. 제품에 자신감이 있었기 때문이다.

억새 젓가락은 나무젓가락의 유해성 때문에 만들어졌다. 나무젓가락을 한 시간만 어항에 담가놔도 물고기가 죽을 정도로 화학 성분의 폐해가 심했다. 옥수수 종이컵은 시중에 널리 사용되는 흰색 종이컵의 두 가지 문제 때문에 만들어졌다. 폴리에틸렌 코팅 처리로 자연 분해되는 데만 20년이 걸린다는 점과 인체에 유해한 화학 접착제가 사용된다는 점 때문이다. 따라서 인체에 전혀 무해한 억새 젓가락과 옥수수 종이컵은 시중에 내놓기만 하면 불티나게 팔릴 줄 알았다. 소비자들이 건강에 대한 관심이 많아지고 있다는 점도 좋게 작용하리라 생각했다.

2013년 제품을 출시하고 대대적으로 홍보했다. 이때 9개월여 동안 1억 5천만 원을 까먹었다. 매출은 조금씩 향상되었지만 수익은 매우 적었다. 믿기지 않는 일이었다. 소비자의 마음을 움직이는 데는 '몸에 좋다', '친환경적이다'라는 캠페인성 홍보가 먹히지 않았다. 소비자의 마음을 사로잡기 위해서는 '제품의 가치' 그 이상이 요구되었다.

성급하게 사업을 추진한 탓에 결국 자본금이 모두 바닥나고 말았다. 금방 사업의 본 궤도에 오를 거라 본 게 오산이었다. 그러자 고통의 나날이 시작되었다. 사무실 임대료, 직원 월급이 모두 밀렸다. 그래서 사채를 빌려 썼는데 제때 못 갚자 사채업자에게 머리채를 잡히고 얼굴에 침을 맞는 봉변을 당했다. 잠잘 곳도 따로 없어서 난방도 안 되는 사무실 바닥에 박스를 깔고 잠을 잤다. 생을 마감하고 싶다는 유혹이 매번 찾아왔다.

실패는 기정사실이나 마찬가지였다. 실패의 수렁에서 헤어날 방법을 모색해 보았다.

'투자를 받아보자. 그러면 당분간 시간을 더 벌 수 있고 신제품을 만들어 팔 수도 있겠지.'

그래서 그는 네이버 '창사영' 카페에 외상으로 광고를 냈다. 그러자 이 회사의 친환경 제품의 가치를 알아본 네 사람이 선뜻 2천만 원을 투자해 주었다. 이를 계기로 다시 세 제품을 만들고 몇 개월 부지런히 홍보하고 기업 협찬을 진행해 나갔다.

아직은 때가 아닌 듯했다. 기다리고 또 기다리는 수밖에 없었다. 사업을 만만하게 보고 초기에 자본금을 다 날렸던 일을 잊을 수 없었다. 전과 달리 초조함은 덜했다. 급하게 도전했다가 호되게 당한 경험이 있었기 때문이다. 이제는 금방 성과가 나오지 않아도 당황하는 일은 없을 것 같았다. 최 대표는 단기 레이스 주자가 아니라 장기 레이스 주자로 변신했다.

시간이 얼마나 흘렀을까? 어느 날부터 전화통에 불이 나기 시작했다. 여기저기서 단체 주문이 몰려왔다. 우연히 행운이 찾아왔다. KBS '인간의 조건'이라는 프로그램에서 친환경 옥수수 종이컵이 2분간 방송을 탔고, 이를 본 전국의 소비자들이 친환경 종이컵을 찾아왔다. 방송의 위력은 참으로 대단했다. 현대자동차 특판 납품을 비롯해 수십 건의 거래

처가 생겼다. 현대자동차 한 건으로만 1억 1천만 원을 벌어들였다. 다른 곳도 최소 수천만 원 단위의 계약이 줄을 이었다. 그토록 꿈에 그렸던 일이 어느 날 생각지도 않게 찾아왔다.

이 회사는 사무실 60평에 직원이 6명이다. 대리점 계약 건이 많이 밀려 있을 정도로 크게 성장했다. 지금의 이 회사가 있게 한 원동력은 다른 데 있지 않다. 긴 호흡을 갖고 꼼꼼히 준비한 것이다. 최 대표가 사업 초기에 실패했던 주요 이유는, 매출이 조금씩 늘어갔지만 그에 비례해 미수금도 늘었기 때문이다. 그래서 제품을 팔면 팔수록 수중에 돈이 몇 푼 들어오지 않았고, 마음은 급해져 광고, 영업에 마구 비용을 쏟아부은 결과였다. 최 대표는 실패를 이겨낸 경험을 통해 교훈을 얻었다.

"창업은 직장을 그만두고 곧바로 하면 절대 안 됩니다. 사업은 단기간에 금방 성과가 나오는 게 아니기 때문입니다. 직장을 다니면서 일단 부업으로 시작하는 게 좋습니다. 사업의 안정성이 확보될 경우 직장을 그만둬도 좋습니다. 만약 직장을 그만두고 이미 창업했다면 절대 서두르지 말고 호흡을 조절하면서 마라토너처럼 천천히 뛰세요. 성과는 긴 긴 레이스의 후반에 찾아오기 때문입니다."

2017년 삼성전자의 반도체가 인텔을 제치고 세계 매출 1위가 되었다. 삼성반도체가 시장점유율 15%를 달성했다. 현재의 성과가 있기까지는 과정이 순탄치 않았다. 겨우 텔레비전을 만들어 팔던 삼성이 반도체 사업에 진출한 이후, 막대한 손실을 입어야 했다. 해마다 수천 억씩 적자를 입었기 때문에 삼성이 반도체 때문에 망할 수도 있었다. 그런데도 삼성은 미래를 내나보고 막대한 설비투자를 아끼지 않았다. 이렇게 해서 세계 1위의 삼성반도체가 만들어졌다. 삼성반도체가 지금의 위업을 달성할 수 있었던 것은 장기적 안목으로 반도체 품질을 꾸준히 업그레이드했기 때문이다.

35

실패의 교훈으로
독창적 아이템을 개발하라

"안 해본 일이 없을 정도로 여러 사업을 해봤습니다. 카페, 레스토랑, 호프집, 의류매장 등 돈 된다고 하는 건 닥치는 대로 했지요. 하지만 매번 몇 달 못 가 가게를 접고 말았습니다. 매번 좋은 아이템으로 최상의 상권에서 오픈했는데도 말이죠. 결국 남은 건 실패의 경험뿐이었는데 이게 지금의 사업을 하는 데 밑거름이 되었습니다."

점포공유 점심 장사 L사 유지훈(가명) 대표의 말이다. 이 회사는 2007년 불황기에 적합한 창업 아이템을 내세웠다. 창업을 해야 하지만 종잣돈이 많지 않은 사람을 위해 다른 사람의 점포를 낮 시간에 빌려서 점심 장사를 할 수 있게 지원하는 방식이다. 식당이 주로 저녁 장사와 점심 장사로 나뉘어 있다는 점에 착안, 낮에는 놀고 있는 저녁 장사의 점포를 활용하자는 계산이다. 물론 본사에서 골치 아픈 메뉴 선정, 홍보,

매장 관리, 홍보를 원스톱으로 다 해준다.

이 획기적인 아이템은 어떻게 탄생했을까? 무수한 실패 경험이 밑거름이 되었다. 유 대표는 다양한 업종에서 사업을 했던 경험을 통해, 장사란 쉽게 할 수 있는 게 아니라는 사실을 깨달았다. 방송에 나오는 유명 맛집, 전통 음식점들을 보면 사장은 이른 아침부터 가게에서 그날의 식자재를 직접 확인한다. 여기에다 직원들의 표정만 봐도 어떤 생각을 하고 있는지 읽어낸다. 장사하는 사람이라면 이 정도는 되어야 매출 걱정을 하지 않을 수 있다. 그들에 비하면 유 대표 자신은 한참 미달이라는 걸 뒤늦게 알고 후회했다.

실제로 외식업의 경우 점주가 디테일하게 잘 관리해야 하는 부분이 한두 개가 아니다. 점심시간에 음식을 판다고 하면 그날의 메뉴는 무엇이며, 그 메뉴들이 어떻게 조화를 이루고 있는지 잘 파악해야 한다. 또한 주방에서 어떻게 조리하는지, 음식의 간은 어느 정도가 적당한지를 세심하게 점검해야 한다. 식자재들의 가격도 알아야 하고, 좋은 품질의 재료를 싸게 들여올 수 있는 루트를 늘 고민하고 찾아야 한다.

서비스에도 만전을 기해야 한다. 고객이 어떤 메뉴를 좋아하고 어떤 서비스를 원하는지 기본으로 알고 있어야 한다. 작은 부분 하나에서 문제가 발생하고 불만이 생기기 마련이다. 가게에 들어온 손님이 뷔페 음식을 담아서 자리에 앉으려는데, 탁자는 더럽고 냅킨 통은 텅 비어 있다면? 게다가 뷔페 음식을 채워 넣는 직원의 얼굴에는 불평불만이 가득해 보이고, 식사하고 나가려는데 이쑤시개 통이 비어 있다면? 물을 마시려고 컵을 드니 컵 위에 뭐가 둥둥 떠다닌다면? 이렇게 되면 가게는 머지않아 접게 된다. 절대 이런 일이 생겨서는 안 된다.

또한 빠뜨려서는 안 되는 것이 직원 관리이다. 직원이 알아서 잘할 거라고 방관해서는 절대로 안 된다. 직원의 마음속으로 들어가 그 마음을 세세히 살필 수 있어야 한다. 이를 통해 직원들과 하나가 되어 손님에게 최상의 메뉴와 서비스를 제공해야 한다. 실제로 유 대표는 직원 관리에 소홀히 했다가 낭패를 본 일이 있다.

"매장의 젊은 운영자가 내게 말도 하지 않고 주방 찬모를 교체했다가 맛이 떨어져서 손님들이 불만을 이야기한 적이 있었습니다. 같이 일했던 찬모들끼리 갈등이 있었는데 그 중간에서 휘둘렸던 거죠. 알아서 잘 하겠지 하고 방심했다가 결국 문제가 생기고 말았습니다. 사람 한 명 바뀌자 음식 맛이 바뀌고 손님들이 바로 떨어져 나갔습니다."

이렇듯 음식 장사는 아무나 쉽게 할 수 있는 일이 아니다. 미숙하게 가게를 운영했던 유 대표는 다년 간 쓰라린 실패를 무수히 겪어야만 했다. 그런 그에게 기회가 왔다. 자신의 실패 경험에서 아이디어를 얻었다. 자신처럼 쉽게 외식업에 도전하지만 식당을 잘 운영하지 못해 위기를 겪는 사람들이 많으리라 생각했다. 그렇다면 메뉴부터 매장 관리, 홍보, 입지 선정을 등을 전문가가 맡아서 해주는 시스템이 있으면 좋을 듯했다. 더욱이 창업자들이 제일 부담스러워하는 매장 구입비용도 절감해 주는 시스템이 있으면 좋다고 생각했다. 지금의 점포공유 점심 식사 아이템은 이렇게 탄생했다.

오늘날 트렌드인 공유경제와 맞물려 이 신선한 아이템은 꾸준히 창업 희망자들에게 사랑 받고 있다. 특히 주머니가 가벼운 직장인들은 점심 값을 아끼고 싶어 하는데, 이에 맞추어 메뉴 가격도 6000원대로 저렴하다. 점포공유 점심 장사의 장점은 다섯 가지이다.

첫째, 1500~2000만 원의 소액자금으로도 고수익을 창출할 수 있다는 점이다. 점포 구입 및 시설 인테리어 비용을 절감할 수 있다는 점이 큰 장점이다.

둘째, 점심시간 피크타임 오후 3시 전에 모든 업무가 마감되어 생활에 여유를 가질 수 있다. 따라서 부업으로써의 가치가 매우 높다.

셋째, 본사의 전문적인 장사 노하우를 바탕으로 안정적인 운영을 지원 받는다.

넷째, 뷔페, 돈까스, 백반, 제육, 쌀국수 등 다양한 메뉴를 선보이고 있다.

다섯째, 본사에서 철저하고 정확한 상권분석을 통해 안정적인 수익을 낼 수 있는 매장을 개설해 주고 지속적으로 홍보해 준다.

점포공유 점심 장사는 외식업 경험이 전혀 없는 사람들에게 특히 이점이 많다. 이런 아이템은 하루아침에 만들어지지 않았다. 그간 유 대표가 다양한 장사를 해오면서 실패했던 경험이 있었기에 지금의 독창적인 아이템을 개발해낼 수 있었다. 실패, 피할 수 없다면 겸허히 받아들이되 그를 통해 교훈을 얻자. 그 교훈이 차곡차곡 쌓이면 언젠가 눈에 번뜩 뜨이는 아이템을 개발할 수 있다.

36

실패 원인을 분석하고
해법을 모색하라

성공한 외식업자들 중 실패를 겪지 않은 사람은 거의 없다. 더더욱 혼자 힘으로 성공하기 위해서는 실패가 필수적인 코스인지도 모른다. 대표적으로 '본가'의 백종원이 그렇고, '놀부 보쌈', '사월의 보리밥'의 오진권이 그렇다.

1998년 백종원은 목조 주택 사업으로 쫄딱 망해 죽으려고까지 했었다. 당시 그의 수중에는 120만 원밖에 없었다. 어차피 죽을 거면 평생 소원이던 미식의 천국으로 가보자고 해서 홍콩으로 떠났다.

"음식점 하다가 겉멋이 들어 무조건 사업을 크게 벌인 거죠. 한창 건설 시장이 클 때여서 일산에서 목조주택 사업을 했어요. 공교롭게도 주택 위에서 논을 바라보고 있는 사진이 실린 인터뷰 기사가 나간 후 일주일 만에 사업이 흔들리기 시작했어요. 1997년 말 외환위기가 닥치고

자재 단가가 폭등해 집을 지어도 빚만 남았습니다."

채권자들이 그에게 기회를 주어 재기의 발판을 마련했다. 이후 한겨울에 아파트에 전단지를 돌리다가 쫓겨나기도 했고, 자동차 기름 값이 없어서 집에서 식당까지 1시간 30분간 걸어 다니기도 했다. 이른 새벽부터 밤늦게까지 일했다. 이때 그는 실패를 꼼꼼히 분석한 후 그 해법으로 다양한 메뉴를 개발해 선보였고, 이를 기반으로 재기에 성공할 수 있었다.

2003년 오진권은 자신이 세운 '놀부 보쌈'을 이혼한 아내에게 넘겨주는 큰 아픔을 겪었다. 이로써 그의 식당은 단 하나도 남지 않고 사라졌다. 그는 재기를 노려 '순애보'를 런칭했지만 아내와의 소송에서 패해 막대한 손실을 입고 접어야 했다. 이제 오진권의 시대가 끝났다는 이야기가 나돌았다.

"당시에는 자살을 생각할 만큼 정말 힘들었죠. 제가 구두닦이를 할 때도 자살할 생각은 하지 않았어요. 오랫동안 부부로 살았는데, 어떻게 그럴 수 있는지 화가 많이 났던 것 같아요."

그는 실패에 대한 원인 분석을 해나갔다. 다시는 그것을 반복하지 않을 자신이 있었고, 자신이 좋아하는 식당에 다시 한 번 미쳐보고 싶었다. 이처럼 브랜드와 아이템에 대한 연구에 매진해, 지금의 '사월에 보리밥'과 함께 여러 브랜드를 성공적으로 운영하고 있다.

장사의 신, 백종원과 오진권도 보통의 외식업자들처럼 실패를 맛보았다. 하지만 이 둘은 보통 사람과 달랐다. 대다수의 사람은 크게 실패하면 사업에 대한 열정을 잃고 만다. 겁을 먹고 다른 길로 전향한다. 하지만 두 장사의 신은 실패에 지레 겁먹어 움츠러들지 않았다. 실패 속에서도 재기를 향한 열정을 불태웠다. 열정을 가슴에 품고 성공할 수 있는 방안을 연구하고 또 연구했다. 이게 이 두 장사의 신이 여느 외식업자와 다른 점 아닐까?

전주에서 감자탕집을 운영하는 유정혁(가명) 사장 역시 그렇다. 현재 감자탕집 월 매출액은 2500만 원가량, 순이익은 1000만 원이다. 이런 성과가 있기까지는 세 번의 실패를 겪어야 했다. 어려운 가정의 장남인 그는 수출 의류 업체에서 5년간 근무했지만 월급이 너무 적어 집안을 건사하기 힘들었다. 그래서 식당을 하기로 마음먹고 중국집을 시작했다.

주방장만 있으면 장사를 잘할 수 있겠다고 생각한 게 패착이었다. 전 재산을 털어 아파트 단지 앞에 큰 규모의 가게를 열었지만 손님이 통 오지 않았다. 음식 맛이나 가게 인테리어, 전단지 홍보 등 모든 면에서 잘 준비했건만 주변 주민의 반응이 좋지 않았다. 결국 몇 달 만에 가게 문을 닫아야 했다.

하지만 여윳돈이 없었기 때문에 다른 곳에서 장사를 하는 건 상상도 할 수 없었다. 그래서 간판과 인테리어를 바꾸고 같은 자리에서 갈비탕집을 시작했다. 서민 메뉴의 한식이니 통할 듯했지만 이 역시 반응이 좋지 않았다. 몇 번이고 갈비탕 맛을 봐도 다른 가게의 맛에 견주어 손색이 없었다. 도대체 이유를 알 수가 없었다.

엎친 데 덮친 격으로 건물주가 재건축을 한다며 그를 쫓아냈다. 권리금도 못 받고 보증금 700만 원만 쥔 채 거리로 내몰렸다. 이제는 한창 핫한 감자탕 가게를 열기로 했다. 은행 대출을 받아 최소한의 경비로 작은 가게를 시작했다. 다행히 이번에는 손님이 자주 찾아왔다. 그 사이에 장수 수완이 늘었는지 손님들이 줄을 이었다. 하지만 오래가지 않았다. 2008년 세계 경제위기를 기점으로 점차 손님이 줄기 시작했고, 결국 또 문을 닫아야만 했다.

그는 죽고 싶었다. 하루에 몇 번씩 아내와 다투게 되었다. 하지만 그런 와중에도 지난날 식당 실패의 원인 분석을 해나갔다. 실패의 문제점만 보완하면 잘할 수 있을 듯했다. 실패했던 경험 속에서 성공할 수 있는 방안이 보이기 시작했다. 그는 입지 선정부터 메뉴 개발, 직원과 고객 관리 등 모든 면을 철저히 연구했다. 이 과정에서 모 대학 외식 최고경영자 과정에 등록해 전문지식과 노하우를 배워나갔다.

이처럼 많은 연구 끝에 한 번 실패했던 감자탕에 다시 도전하기로 했다. 아파트를 처분해 마련한 자금으로 전주 변두리 지역에서 가게 문을 열었다. 이번에는 대성공이었다.

"두 번째 감자탕집을 내면서 처음 감자탕집이 왜 실패했는지 깊이 생각했습니다. 하나하나 따져보니 실패할 수밖에 없었더군요. 감자탕 맛이 최고라고 자부할 만큼 잘 만들지 못했고 고객과 직원 관리도 실패했던 거였죠. 그래서 두 번째 감자탕을 열 때는 많은 해법을 모색했고 많은 연구를 했습니다. 메뉴 개발, 고객과 직원 관리 등 모든 면을 완벽히 하기 위해서 말입니다."

　누구에게나 실패가 찾아온다. 실패는 그 자체로 끝나는 게 아니다. 실패에 어떻게 대처하느냐에 따라 그 의미가 확연히 달라진다. 이는 창업을 꿈꾸는 모든 사람에게 해당된다. 실패에 연연하면서 그 자체를 확대해석하지 말자. 실패에서 훌훌 털고 일어나야 한다. 실패를 했다면 그 원인을 분석하고, 그 문제점을 해결할 방안을 모색해야 한다. 그래야 미래의 어느 순간, 장사의 신이라는 왕관을 쓸 수 있다.

　《로열티 경영》의 저자 프레더릭 F. 라이히헬드는 기업이 더욱 효과적으로 실패를 분석하기 위해서는 가치 창출과 인적 자산의 로열티에 대한 미시적 관찰이 필요하다고 한다. 그러면서 모든 기업이 아래 질문에 답해야 한다고 말한다.

① 우리는 어떤 실패를 어떤 척도로 측정해야 하는가?

② 실패의 근본 원인에 대해 어떻게 초점을 맞추는가?

③ 실패의 원인을 어떻게 해석하는가?

④ 실패의 원인으로부터 학습해야 하는 사람은 회사 내의 누구인가?

37

와신상담의 자세로
꿈을 품어라

　65세에 운영하던 식당이 파산한 미국의 노인이 있었다. 그에게 남은 거라고는 월 105달러의 정부보조금과 낡은 트럭 한 대뿐이었다. 오랜 세월 식당을 해온 노인은 자신의 레시피에 자신감이 있었다. 요리 비법을 팔기로 한 그는 트럭에 요리 도구를 싣고 미국 전역을 돌아다니기로 했다. 빈털터리가 된 그는 트럭에서 숙식을 해결해야 했다.

　그러나 아무도 노인을 반기지 않았다. 그의 치킨 레시피에 관심을 보이는 사람은 없었다. 그는 하염없이 미국을 횡단해 나갔다. 고단한 트럭 생활이 이어졌다.

　'반드시 내가 만든 레시피를 구매할 사람이 나타날 거야. 내가 평생 식당을 해오면서 특별히 만든 레시피인데 이걸 몰라본다는 건 있을 수 없어. 틀림없이 높은 가격으로 팔릴 거라고.'

그는 명확한 꿈을 품었지만 현실은 냉정했다. 무려 1008번이나 퇴짜를 당했지만 1009번째 식당에 문을 두드렸다. 가게 주인 데이브 토마스는 그 레시피의 진가를 알아봤다.

"당신의 레시피대로 치킨을 만들어 판매하는 조건으로 치킨 1조각 당 $0.04의 로열티를 드리겠소."

KFC 1호점은 이렇게 탄생했다. 8년 만에 매장이 미국 전역에 퍼졌고, 600여 개의 매장이 생겨났다. 매장 앞에는 노인의 상이 세워졌다. 그의 이름은 데이비드 샌더스이다.

일본의 '생활창고'라는 재활용 업체를 운영하는 호리노우치 규이치로 대표는 상황이 더 좋지 않았다. 그는 가업을 이어 받았지만 연달아 실패한 끝에 도망치듯이 고향을 떠나 도쿄로 향했다. 빈털터리였기에 노숙자 생활을 해야 했다. 그는 최악의 밑바닥 생활을 이를 악물고 견디면서 재기의 꿈을 품었다.

하루는 버려진 가전제품을 깨끗이 수리해서 파는 재활용품 점포를 하면 되겠다고 생각했다. 아무도 생각 못한 대박 아이템이었다. 창고에서 시작된 이 회사는 불과 4년 만에 점포가 230여 개나 되었고, 연간 102억의 매출액을 자랑하는 기업체가 되었다. 그는 자신의 저서 《밑바닥 성공법칙》에서 이렇게 말한다.

"약 16년 전 저는 이 책의 제목처럼 말 그대로 '밑바닥'의 나날을 보내고 있었습니다. 빚쟁이들에게 쫓겨 고향에서 도망치듯 떠나 하루하루를 연명하려고 쓰레기를 주워 생활했지요. 부끄럽다고 생각할 여유조차 없었습니다. 어쨌든 살아남아야 한다는 생각만으로 필사적이었습니다. 그런 생활 중에서도 제가 결코 잊지 않았던 것은 '꿈'이었습니다. 그 꿈이 있었기에 '밑바닥'에서 고난을 극복하고 성공할 수 있었습니다."

데이비드 샌더스와 호리노우치 규이치에게는 인생 밑바닥의 경험이 실패 극복의 원동력이 되었다. 이는 와신상담으로 설명할 수 있다. 원수를 갚기 위해 온갖 괴로움을 참고 견딘다는 의미이다. 괜히 쓸데없이 고통을 참고 견디는 것이 아니다. 편안한 생활을 하다 보면 알게 모르게 복수심이 느슨해지기 마련이다. 복수심을 더 날카롭게 하기 위해서는 가시가 많은 나무 위에서 자고, 쓰라린 쓸개를 핥아야 한다.

마찬가지로 사업 성공이라는 꿈을 더 확고하게 간직하기 위해서는 기꺼이 밑바닥 생활을 받아들일 필요가 있다. 그래야 비로소 꿈에 대한 강렬한 염원이 활활 불타오른다. 데이비드 샌더스와 호리노우치 규이치가 그랬다. 더 이상 내려 갈 곳 없는 밑바닥에서 춥고, 외롭고, 배고픈 나날을 경험했다. 이런 고통을 견디는 과정에서 꿈은 더 단단해져 갔고, 마침내 꿈은 현실이 되어 지금의 그들이 있는 것이다.

"1997년, 아들이 막 태어나자마자 회사가 부도가 났죠. 회사를 모두 정리하고, 집도 팔고 충주의 처갓집 근처에 11평짜리 주공아파트를 얻었는데, 그것도 경매에 넘어갔어요. 집주인에게 사정해서 월세를 얻어 가족은 충주에 두고, 저는 서울에서 살 궁리를 하고 있었죠. 그런데 사우나, 고시원 등을 전전하는 것도 돈이 들잖아요. 그 돈이 아까워서 노숙을 했어요."

2006년 신개념 스케이트보드인 에스보드로 성공한 강신기 대표. 그 역시 노숙 생활이라는 '와신상담'을 통해 지금의 자리에 올라섰다. IMF 전까지만 해도 잘나가는 돌침대 대리점 점주였던 그는 한순간에 회사 문을 닫은 후 노숙자로 전락했다. 한겨울에 시작한 노숙 생활은 고통 그 자체였다. 얼음장 같은 콘크리트 바닥 위에 종이 박스를 깔고 누웠지만, 결코 낙심하거나 좌절하지 않았다. 속으로 해병대 극기 훈련을 하는 것이라고 되뇌면서 자신을 다그쳤다.

'이런 추위 하나 견뎌내지 못하고 앞으로 무슨 일을 하겠다는 거냐. 이걸 견딜 수 있는 정신력을 길러야 내 사업을 할 수 있다.'

노숙 생활은 이듬해 봄까지 이어졌다. 그동안 노가다로 일당을 벌면서 할 수 있다는 각오를 다졌다. 그러다가 한 사무실에서 우연히 지금의 에스보드를 보고 한눈에 사업성이 있음을 간파했다. 돈이 없던 그는 그걸 개발한 대학생에게 투자받아서 준다고 하고 5천만 원에 특허권을 구입한 후 수정 보완해서 지금의 에스보드를 세상에 내놓았다. 그해에만 90억 원을 번 데다가 한국기술특허대전 국무총리상 수상, 2004년 미국 피츠버그 국제발명대회에서 5관왕을 수상해 2천만 달러를 받았다. 한 마디로 세계적인 레저 용품을 개발한 것이었다.

"지금은 추억처럼 이야기하지만 길거리에서 신문을 덮고 잠을 청한다는 게 쉬운 일은 아니었습니다. 첫 날엔 한 시간 이상 잠을 이루지 못했어요. 아침이 오길 기다렸다가 햇빛을 받으며 추위로 꽁꽁 얼어붙은 다리와 팔을 주무르기 바빴습니다. 둘째 날이 되니 어느새 익숙해져서 자는 시간이 늘더군요. 그 순간 긴장하게 됐습니다. 진짜 자포자기한 삶을 살게 될 것 같아 두려웠어요. 매일 신문 보는 것을 게을리 하지 않았고 제품 하나를 두고 분석하기 시작했습니다. 그러면서 다시 일어설 수 있다는 용기를 버리지 않았습니다."

그가 실패를 딛고 이렇게 커다란 성과를 거둘 수 있었던 이유는 '와신상담'하면서 사업의 꿈을 포기하지 않았기 때문이다. 그 어떤 최악의 상황에서도 인생의 돌파구는 겨울을 이겨내고 봄에 활짝 피는 꽃처럼 다가온다는 사실을 잊지 말자.

38

창조적 안목이
재기의 발판이다

우리나라 자영업자의 생존율은 얼마나 될까? 2015년 기준 자영업자의 1년 생존율은 62.4%, 5년 생존율은 27.3%로 나타났다. 더욱이 숙박과 외식업의 상황은 더 안 좋다. 1년 생존율이 59.2%, 5년 생존율이 17.3%에 불과하다. 게다가 2016년 기준 자영업자 5명 중 1명은 연 소득이 1천만 원도 되지 않는다. 이처럼 창업의 현실은 냉혹하다.

그런데도 수많은 사람들이 부푼 꿈을 안고 매년 창업 전선에 뛰어들고 있다. 다른 마땅한 선택의 길이 없기 때문이다. 이렇게 자신만의 사업을 꾸려가지만, 통계가 알려주듯 머지않아 폐점할 가능성이 높다. 따라서 이제 창업 희망자들은 실패를 염두에 두고 있어야 한다.

'나도 망할 수 있다'는 마음의 준비가 필요하다. 그래야 망하더라도 오뚝이처럼 일어나서 힘차게 사업을 추진할 수 있다. 나에겐 실패가 없다는 말은 허황된 미신에 불과하다. 실패는 현실임을 직시하고 이에 대한 대비를 잘해야 한다. 그래야 실패를 겪더라도 완전히 무너지지 않고 다음의 기회를 낚아챌 수 있다.

실패를 잘 대비하려면 어떻게 해야 할까? 무엇보다 실패를 딛고 일어선 기업체의 사례를 참고하는 게 큰 도움이 된다. 실패를 겪었던 기업은 어떻게 해서 재기하고 성공할 수 있었을까? 무엇보다 실패 극복의 중요한 동력은 '창조적 안목'이다. 한 분야에서 실패의 경험을 축적하는 동안 그 분야에 대한 안목이 생긴다. 이 안목으로 그 누구도 넘볼 수 없는 창조적인 결실을 만들어낸다. 바로 이것이 재기의 든든한 발판이 된다.

"두 차례 사업실패를 하다 보니 이제는 안전성을 최우선 가치로 두고 있습니다. 돌다리가 아니라 다이아몬드로 만들어진 다리라도 수차례 두드려 보고 건너는 심정이죠."

유아용 식기 제조 유통회사 '투네이처' 정용원(49세) 대표의 말이다. 20대에 가방, 교구재 등 유치원 용품을 유통하는 사업을 시작한 그는 한때 직원 30여 명을 두고 연매출 200억을 올릴 정도로 잘나갔다. 그러나 자금난이 닥쳐왔다. 유치원들이 연초에 대량으로 제품으로 외상 구매하기 때문에 시간이 갈수록 자금이 바닥난 데다 대금을 지급하지 않고 도주하거나 문을 닫는 유치원들도 생겼다. 결국 수십 억대의 빚을 안고 회사 문을 닫고 말았다.

다시 사업을 하려고 했지만 자기 명의로 회사를 세울 수 없어 아내 명의로 시작했다. 다른 분야에 뛰어들기보다는 잘 알고 있는 유아용품 시장에 도전하기로 했다. 한 번 실패하기는 했지만 그 분야의 안목이 있었기 때문에 안정성이 있다고 생각했다. 시중에 나온 유아용품을 샅샅이 살펴보면서 사업 아이템을 다양하게 모색하던 중 창조적 안목으로 기발한 아이템을 떠올렸다.

'부모라면 아이의 건강을 제일로 여기지. 근데 시중의 유아용 제품에는 다 화학성분이 들어 있단 말이야. 그렇다면 친환경 제품으로 유아용품을 만들면 될 거야.'

그간의 경력을 살려 옥수수 추출물로 만든 식기를 내놓았다. 한 번 실패를 맛보았기에 기존의 것을 답습해서는 안 된다는 걸 잘 알고 있었다. 기존의 것을 답습하면 사업의 안정성이 확보되지 못한다고 보았다. 이렇게 해서 누구도 생각지 못한 창의적인 제품이 세상에 나왔다.

산업용 전력제어기를 만드는 '파이온이엔지'의 김영만 대표도 그렇다. 2011년 설립된 이 회사는 2016년 기준 연 33억대의 매출을 기록하고 있다. 그의 첫 사업은 삐삐 제조업이었다. 연매출 150억일 정도로 잘나갔지만 삐삐에서 휴대폰으로 플랫폼 시장 환경이 바뀌는 바람에 문을 닫아야 했다. 이후 온라인 의류 쇼핑몰, 산업용 온도계 사업을 시도했지만 번번이 문을 닫고 말았다. 일당 10여만 원을 받고 산업용 전기패널, 배선장치 설치 작업으로 생계를 이어갈 수밖에 없었다. 그런 그에게 기회가 왔다. 하루는 배선 작업을 하는데 유독 산업용 전력제어기가 눈에 들어왔다. 이상했다. 산업이 발전할수록 산업용 전력제어기 성능도 발전해야 하는데 그렇지 못했다. 그는 무릎을 탁 쳤다.

'내가 지금의 산업체에 맞는 우수한 산업용 전력제어기를 만들어야겠다. 잘 만들어 놓으면 수요가 있을 거야.'

그는 제품을 자체 개발해 시중에 내놓았고 예상이 적중했다. 반응이 뜨거웠다. 그가 지금의 산업용 전력제어기를 만들어 재기할 수 있었던 원동력은 무엇일까? 그는 전자 분야에 오래 일하면서 여러 차례 실패를 겪었고 그 과정에서 다른 사람은 따라올 수 없는 그 분야의 안목이 생겼다. 이 안목으로 기존과 다른 제품을 만들 수 있었다. 기존의 회사는 옛날식 산업용 전력제어기를 만들어 파는 데 안주했지만, 그는 창의적인 안목으로 그걸 뛰어넘는 제품을 만들어냈다.

실패학의 권위자 도쿄대 교수 하타무라 요타로는 실패에서 창조로 거듭나라고 역설한다. 그는 방대한 기업체의 실패와 극복 사례 데이터를 바탕으로 "실패는 단지 기억 속에 지워야 할 대상이 아니라 지혜의 보고"라는 결론을 얻었다. 그렇다면 실패에서 창조로 거듭나려면 어떻게 해야 할까? 다음의 핵심 노하우 10가지가 그 비결이다.

① 실패를 직시하고 잘못을 인정하라.
② 책임 추궁과 원인 규명은 확실히 구분하라.
③ 실패를 스스럼없이 말할 수 있는 환경을 만들라.
④ 눈앞의 현상만 보지 말고 근본적인 원인을 찾으라.
⑤ 실패 사례를 분석한 뒤 조직원들끼리 공유하라.
⑥ 실패를 야기한 부서 간의 연결 고리를 찾아라.

⑦ 실패의 책임은 개인보다 조직이 안고 가야 한다.

⑧ 치명적인 사고에 앞서 발생한 작은 실수에서 대책을 마련하라.

⑨ 작업 매뉴얼화 등 지나친 경제성 추구는 금물이다.

⑩ 인간의 심리와 사회는 항상 변하므로 시장의 흐름을 읽어라.

39

재창업의 동력?
좋은 인간관계와
긍정 마인드!

2015년 기준, 우리나라 창업자들의 재창업 비율은 전체의 27.4%로 평균 2.6회 재창업을 하는 것으로 나타났다. 업종별로 보면 제조업은 18.2%, 지식서비스업은 19.8%, 도·소매업은 23.9%, 숙박·음식업은 40.1%로 집계되었다. 흥미로운 사실은 재창업한 기업일수록 생존율이 높게 나타났다. 재창업 기업의 5년 생존율이 전체 창업 기업(30.9%)에 비해 73.3%로 두 배 이상 높다. 이는 한번 창업하고 그만두는 것보다 두세 차례 창업을 해보는 게 더 낫다는 말이다. 통계가 말하듯, 여러 차례 창업을 할수록 생존율이 높기 때문이다.

문제는 여기에서 실패한 창업자는 예외라는 점이다. 뼈저린 실패를 맛본 기업인이 재창업하는 비율은 7.2%에 불과하다. 이들은 재창업의 생존율이 높다는 것을 알면서도 시도하지 않는다. 왜 그럴까? 이유는 크게 두 가지이다. 하나는 실패한 기업이 다시 일어설 수 있도록 경제적 지원이 뒷받침되지 못하기 때문이다. IBK기업은행과 IBK경제연구소의 2017년 조사에 따르면, 재창업 시 가장 큰 어려움은 자금조달(58.0%)로 나타났다. 한 번 실패한 기업은 투자 받기가 매우 힘들기 때문에 자금조달에 심한 곤란을 겪는다. 다른 하나는 실패한 기업인에 대한 자신감 회복과 치유 교육 프로그램 지원이 많지 않기 때문이다. 동 연구소의 조사에 따르면, 재기 기업인이 가장 필요로 하는 교육 프로그램은 자신감 회복과 심리 치유(49.0%)로 나타났다.

이 같은 이유 때문에 거리로 내몰린 실패 기업인들이 선뜻 창업에 나서지 못하는 것이 현실이다. 그렇다고 마냥 자포자기할 수만은 없다. 언제까지 좋은 여건이 갖추어지기를 기다릴 수만은 없다. 한국에서 실패자로 낙인찍힌 기업인이 다시 창업하기란 무척 어렵지만 일부 기업인들은 불리한 상황을 잘 극복해서 기어코 성공의 결실을 거둔다.

1984년 국내에 피자헛을 선보인 성신제 대표. 전국에 52개의 매장이 생기고, 최대 매장인 명동점에서 월 매출 2~3억을 기록할 정도로 크게 성공했지만 우여곡절 끝에 미국 본사에 경영권을 양도한 후 치킨 사업을 했다가 IMF 때 부도를 당했다. 모든 것을 날려버린 그에게 돈 한 푼도 없었다.

그런 그가 자신의 이름을 건 '성신제 피자'로 재기를 시작했다. 어떻게 자금을 조달했을까? 빈털터리가 된 성신제 대표를 믿고 투자해준 곳은 은행이나 민간 기관이 아니었다. 그에게 40만 달러를 빌려준 사람들은 성신제 대표가 과거에 오퍼상을 할 때 거래했던 미국 오퍼상들이다. 성 대표는 오퍼상을 그만두고서도 그들과 계속 친밀한 관계를 유지했다.

"88년에 오퍼상을 그만뒀지만 그 뒤로 계속 친밀한 관계를 유지했습니다. 그들과 거래할 때 내 경쟁회사에 더 좋은 조건의 물건이 있으면 바이어들을 그쪽으로 소개해 주었지요."

이렇게 서로에 대한 믿음이 생겼고 돈독한 인간관계를 유지할 수 있었다. 이 인간관계를 통해, 귀한 사업자금을 조달할 수 있었다.

'창사영' 카페의 친환경 제품 제조 기업의 박준희^(가명) 대표도 그렇다. 두 차례 사업 실패를 겪은 그는 절치부심 끝에 세 번째로 친환경 제품 사업을 하기로 계획했다. 몇몇 기관에서 우수한 창업 아이템으로 선정되기도 했지만 기쁨은 잠시였다. 신용 불량자로 낙인찍힌 박 대표는 은행 대출을 꿈도 꿀 수 없었다. 고민에 빠진 그는 창사영 카페에 글을 올리기 시작했다.

"그간 사업을 하다가 실패했던 이야기를 진솔하게 올렸습니다. 이번에 시작하기로 한 사업 아이템에 대해서도 과장되지 않게 글을 적었습니다. 그러던 어느 날 문자가 한 통 왔습니다. 내게 투자하겠다는 거였습니다. 창사영 카페에서 글을 통해 자주 의사소통했던 분이었고, 오프라인 모임에서도 몇 번 뵌 적이 있었지만 사업적으로는 한 번도 교류해본 적이 없었습니다. 그런 분이 내게 계좌번호를 알려달라고 하더니, 몇 번에 나누어 투자금 5천만 원을 보내주었습니다."

박준희 대표는 여느 사업가와 달랐다. 한번도 '대박 아이템'이라는 허황된 글을 쓴 적이 없다. 다만 실패 경험을 거울삼아 이번에는 반드시 성공시키겠다는 글을 올렸다. 진정성 있는 그의 글을 지켜보던 창사영 카페의 많은 투자자들이 있었고 그중 박준희 대표의 됨됨이에 믿음을 가진 한 투자자가 그에게 자금을 대주었다.

성신제 대표와 박준희 대표의 사례에서 보듯이 평소 좋은 인간관계를 만들어 놓으면, 이를 통해 재기에 필요한 자금을 조달받을 수 있는 길이 열린다. 그 누구보다 가까이에서 지켜봐온 지인들이 실패 기업인에 대해 잘 안다. 이들은 실패 기업인에 대해 강한 믿음을 갖고 있기 때문에 주저하지 않고 그들에게 재기의 종잣돈을 쾌척한다.

사업에 실패하면 경제적인 면뿐만 아니라 정신적인 면에서도 큰 타격을 입는다. 사업에 한번 실패하고 나면 재기하려는 시도는커녕 하루하루 살아갈 의욕도 잃게 된다. 멘탈이 붕괴되기 때문이다. 이때는 그 무엇도 손에 잡히지 않고, 집중해서 일할 수 없다. 겸허히 마음을 비우고 나서 다시 '할 수 있다'는 긍정적인 마인드로 무장해야 재기에 도전할 수 있다.

서울 성동구에서 100만 원대의 명품 구두를 만드는 수제화 장인 유홍식 사장. 그는 연이은 사업 실패로 50대 나이에 18억의 빚을 졌지만 긍정 마인드로 이를 극복해냈다. 구두 장인으로 승승장구했던 그는 무리하게 사업에 손을 댔다가 큰 빚을 지고 말았다. 결국 구두 제화로 다시 돌아올 수밖에 없었던 그는 긍정 마인드로 자신을 다독였다.

'죽을 용기로 살아보자. 남들도 그렇게 해서 다시 일어나더라. 그래, 한번 해보자.'

시력이 떨어져서 돋보기를 써야 했고, 그래도 잘 보이지 않은 부분은 감으로 해결해 나갔다. 이렇게 다시 구두장이로 돌아온 그는 얼마 후 빚을 다 갚고 14억 대의 재산가가 되었다.

요즘 장안의 화제가 된 연예인 이상민도 그렇다. 사업 부도로 69억 원의 빚을 졌던 그는 결코 좌절하지 않았고, 파산이나 회생 절차로 큰 빚을 회피하지도 않았다. 그는 자신에게 다음과 같은 긍정의 주문을 걸었기에 제 2의 전성기를 맞을 수 있었다.

"부도 당시 내 인생의 가장 큰 고난이자 성공은 지금의 실패를 스스로 극복하는 것이었습니다. 지금도 부도의 실패를 극복 중이며 많은 사랑 주시는 여러 사람들을 절대 실망시켜드리지 않으려 열심히 하고 있습니다."

사업을 하려면 실패는 불가피하다. 그렇다면 실패를 딛고 다시 창업 전선에 나갈 수 있는 '회복 탄력성'을 미리 길러두는 게 필요하다. 오뚝이처럼 즉각 일어서기 위해 필요한 건 두 가지이다. 자금 문제를 해결해주는 좋은 인간관계, 다시 할 수 있다고 주먹을 불끈 쥐게 할 긍정 마인드이다. 다가올 인생에 커다란 계책을 주는 이 두 개의 금낭을 양손에 반드시 쥐고 있어야 한다.

대한민국 장사 천재들

1판 1쇄 인쇄 2018년 06월 15일
1판 1쇄 발행 2018년 06월 30일

지은이 차돈호
펴낸이 박현
펴낸곳 트러스트북스

등록번호 제2014-000225호
등록일자 2013년 12월 3일

주소 서울시 마포구 서교동 성미산로2길 33 성광빌딩 202호
전화 (02) 322-3409
팩스 (02) 6933-6505
이메일 trustbooks@naver.com

값 15,000원
ISBN 979-11-87993-47-6 03320

믿고 보는 책, 트러스트북스는 독자 여러분의 의견을 소중히 여기며,
출판에 뜻이 있는 분들의 원고를 기다리고 있습니다.